Illustration de couverture : Olivier Bonhomme

Les éditions Paulsen sont une société du groupe Paulsen Media.

Thomas Marlier
Pierre-François Mouriaux

PROFESSION ASTRONAUTE

Paulsen
arte EDITIONS

Thomas Marlier est historien et auteur-réalisateur de documentaires scientifiques et historiques. Il est notamment le co-auteur de deux documentaires ARTE consacrés au spationaute français, *Thomas Pesquet – profession astronaute* et *Thomas Pesquet, Objectif Mars*.

•

Pierre-François Mouriaux est journaliste, responsable de la rubrique Espace du magazine *Air & Cosmos*. Il est aussi l'auteur de plusieurs livres jeunesse et grand public consacrés à l'exploration spatiale et son histoire, dont l'incontournable *Comment on fait pipi dans l'espace ?* (Fleurus, 2016).

PARTIE 1

★

7 ANS DE FORMATION

01

LES RAISONS D'UN CHOIX

Bonsoir. Pourrais-je parler à Thomas Pesquet ?
– Oui, c'est moi.
– Ça vous intéresse toujours de devenir astronaute ?
Rouen, 18 mai 2009, 22 heures.

Quand il reçoit cet appel, Thomas Pesquet n'a que 31 ans. Ce coup de fil marque un tournant dans sa vie et le début d'une longue aventure dont il rêve depuis longtemps.

En mai 2008, lorsque l'Agence spatiale européenne (ou ESA, pour European Space Agency) déclare qu'elle compte enrôler de nouveaux astronautes, Thomas fonce et tente sa chance. Le précédent recrutement a eu lieu quinze ans auparavant, et personne ne sait quand se tiendra le suivant : c'est maintenant ou jamais. Depuis sa création en 1975, l'ESA n'a engagé que vingt-trois astronautes au cours de quatre sessions. Une carrière type dure une vingtaine d'années et, quelle que soit leur nationalité, ils peuvent cumuler entre 6 mois et 3 ans de vie dans l'espace.

Les critères pour postuler

L'annonce de l'Agence spatiale impose des conditions strictes mais claires. Le candidat doit mesurer entre 1,53 m et 1,90 m et avoir entre 27 et 37 ans. Une excellente forme physique et psychologique est essentielle ; il ne doit souffrir d'aucune addiction, comme le tabagisme ou l'alcoolisme. Ses aptitudes sont validées lors d'un examen médical certifié par la médecine aérospatiale.

Côté formation, le postulant doit être titulaire d'un diplôme de troisième cycle en mathématiques, physique, chimie, biologie, ingénierie ou médecine. On lui demande une expérience professionnelle d'au moins 3 ans ; s'il est pilote – ce qui n'est pas indispensable –, il doit compter au minimum 1 000 heures de vol.

La personnalité du candidat est elle aussi une donnée essentielle : il doit avoir un caractère à la fois flexible et déterminé, être émotionnellement stable et étranger à toute forme d'agressivité – bref, un tempérament lui permettant de s'adapter à des situations stressantes et à un environnement confiné, et de travailler avec une équipe internationale. Enfin, il doit se montrer à l'aise en matière de communication et parler couramment anglais : un astronaute doit aussi assurer le partage de son savoir et la promotion des programmes spatiaux lors de conférences ou sur les réseaux sociaux.

Notre futur astronaute répond effectivement à tous ces critères. Il a un diplôme d'ingénieur en aéronautique et a successivement été pilote privé et pilote de ligne à Air France.

Thomas Pesquet avant l'espace

★

1998 : Classe préparatoire aux grandes écoles au lycée Pierre Corneille, Rouen

1999-2001 : Master à l'École nationale supérieure de l'aéronautique et de l'espace, Toulouse (dernière année à l'école polytechnique de Montréal, master *Aeronautics and Space*)

2001 (avril-septembre) : Ingénieur stagiaire à Thales Alenia Space, Cannes

2001-2002 : Ingénieur en dynamique des engins spatiaux chez GMV, Madrid

2002-2004 : Ingénieur de recherches en technologie spatiale au CNES, Toulouse

2004-2006 : Suivi du programme de formation des pilotes d'Air France

2006-2009 : Pilote et instructeur sur A320 à Air France

Sportif accompli, il est ceinture noire de judo et pratique de nombreux sports, dont la plongée et le parachutisme. Son parcours professionnel lui procure aussi un véritable avantage : il a travaillé pendant deux ans au CNES (Centre national d'études spatiales) de Toulouse, l'une des principales agences spatiales du monde, en tant qu'ingénieur de recherches en technologie spatiale, et il a été délégué au Comité consultatif du CNES pour les systèmes de données spatiales, qui réunit onze agences internationales.

Un univers en constante évolution

La conquête spatiale était à l'origine une compétition technologique, politique et militaire entre les États-Unis et l'URSS. Aujourd'hui, la rivalité a cédé la place à une entreprise internationale à vocation scientifique poursuivant deux objectifs principaux : faire de la science en micropesanteur et préparer l'exploration de Mars.

Les conditions exigées par les agences spatiales pour exercer le métier d'astronaute se sont adaptées tout naturellement aux progrès techniques et aux programmes des diverses missions. Dans les premiers temps, aux États-Unis comme en Union soviétique, seuls des pilotes de chasse montaient à bord des vaisseaux spatiaux : il fallait avoir l'habitude des fortes accélérations, du stress lié aux vitesses vertigineuses et de la désorientation spatiale. Mais les différences entre Russes et Américains étaient nombreuses. Les véhicules russes étaient presque entièrement automatisés et les Soviétiques engageaient de jeunes aspirants ayant entre 25 et 30 ans : Iouri Gagarine avait à peine 26 ans lorsqu'il devint cosmonaute.

Le pilotage des vaisseaux américains nécessitait en revanche une plus grande expérience, et la NASA exigeait que les candidats astronautes aient plus de 1 500 heures de vol à leur actif. L'âge limite pour postuler était fixé à 40 ans : John Glenn et Alan Shepard étaient respectivement âgés de 38 et 36 ans quand ils ont été sélectionnés.

Les femmes ont longtemps été exclues de l'aventure spatiale, alors que sur le plan physiologique leurs aptitudes étaient identiques à celles des hommes. En 1961, treize femmes pilotes ont bien été recrutées par la NASA après avoir passé avec succès les mêmes tests que leurs homologues masculins mais leur groupe, baptisé Mercury 13, faisait, à capacités égales, doublon avec celui des hommes : il a donc été sacrifié, et rapidement dissous.

Ce n'est qu'en 1963 que la Russe Valentina Terechkova, une ancienne ouvrière du textile devenue parachutiste, est envoyée dans l'espace, devenant ainsi la première femme cosmonaute. Elle se spécialise ensuite en ingénierie aéronautique. L'expérience n'est renouvelée par les Russes qu'en 1982 avec Svetlana Savitskaïa, pilote d'essai et première femme à investir une station en orbite terrestre, Saliout 7.

De son côté, après les civils, la NASA ouvre officiellement ses candidatures aux femmes en 1978. À cette époque, le développement de la navette spatiale américaine et ses missions nécessitent des compétences scientifiques pointues : l'astrophysicienne Sally Ride, spécialiste des rayons X et des lasers, devient ainsi la première astronaute américaine et participe à deux vols de la navette Challenger en 1983 et 1984.

Un long processus de sélection

Plus on avance dans la sélection, plus on commence à espérer. On est 45, puis 22, puis 10. À un moment, on se dit qu'on est tellement proche du but que, peut-être, on va finir par l'avoir, ce titre de cosmonaute.

Entre le dépôt des dossiers à l'ESA et le choix final des astronautes, une année s'écoule. Les candidats, au nombre de 8413 en 2008, doivent tout d'abord remplir un long questionnaire en ligne. Leurs réponses sont analysées par le biais d'un algorithme informatique qui ne retiendra que 1500 d'entre eux. Les membres du jury évaluent les dossiers un à un et ramènent ce chiffre à 1000. Les postulants sont ensuite soumis à une journée d'examens au cours de laquelle sont mesurées les aptitudes de chacun : capacités cognitives, acoustiques, mémorielles et psychomotrices ; faculté de concentration et de visualisation en trois dimensions ; intelligence mécanique et mathématique, et enfin maîtrise de l'anglais. Les candidats sont aussi astreints à une batterie de tests osseux, ophtalmologiques et cardiovasculaires comme le vélo ou le tapis roulant, à des IRM, des échographies… On observe également leurs réactions lorsqu'ils sont sous pression. On les met par exemple en situation d'asphyxie : empêchés de respirer, ils doivent rester immobiles et en apnée. Leur façon de gérer la situation – ou de paniquer – est étudiée.

Pour finir, des centaines de questions leur sont posées afin d'évaluer leur capacité à résoudre des problèmes complexes, qu'ils soient scientifiques ou humains.

Thomas se souvient notamment de celle-ci : « Vous avez 100 % de chances de survivre en abandonnant votre coéquipier, ou 50 % en lui prêtant assistance : que faites-vous ? » Sans hésiter, il a répondu : « On n'a aucune chance de survivre seul dans l'espace », prouvant qu'il avait déjà assimilé l'un des aspects fondamentaux du métier d'astronaute, l'esprit d'équipe.

Cette étape axée sur la logique et l'anticipation élimine 800 aspirants. Les 200 toujours en lice sont invités à l'ESA par groupes de six pour mettre à l'épreuve leur capacité à travailler en commun. Cette étape est sans doute la plus déterminante. La qualité la plus importante d'un astronaute est de savoir créer avec ses coéquipiers une bonne harmonie, qui permet de s'adapter à toutes les situations. Là aussi, Thomas se remémore le genre de questions auxquelles il a été soumis : « Dans l'espace, votre collègue spationaute casse une antenne. Le centre de contrôle vous appelle pour vous dire que certains paramètres ne lui parviennent plus, et vous en demande la cause. Votre collègue déclare qu'il ne s'est rien passé. Que faites-vous ? » Dans un cas comme celui-là, le plus important est d'assurer la sécurité de l'équipe : il faut donc informer le centre de contrôle qu'un dégât a été commis. Thomas décide de déclarer que c'est lui qui a cassé l'antenne, faisant fi des reproches qui pourraient lui être adressés : l'essentiel est que l'information soit transmise afin que des solutions alternatives puissent être trouvées.

Seuls 45 aspirants passent ce test avec succès et sont ensuite invités à subir des examens médicaux approfondis. Ils sont 22 à continuer l'aventure et à passer des entretiens avec les équipes dirigeantes de l'ESA. À la fin ils ne sont plus que 10 et se soumettent à la dernière épreuve, la rencontre avec Jean-Jacques Dordain, directeur général de l'ESA de 2003 à 2015, chargé de désigner les 6 élus.

Thomas Pesquet est le seul Français sélectionné parmi les nouveaux astronautes européens. Ses collègues sont les Italiens Samantha Cristoforetti et Luca Parmitano, tous deux pilotes dans l'Armée de l'air ; l'Anglais Thimothy Peake, pilote d'essai ; le Danois Andreas Mogensen, spécialiste d'ingénierie aérospatiale, et l'Allemand Alexander Gerst, ingénieur en géophysique.

Heureux mais encore sous le choc, Thomas retourne auprès de ses amis pour leur annoncer la nouvelle qui bouleverse son destin. Dès le lendemain, il rejoint les autres membres de sa promotion à l'ESA pour une conférence de presse.

Le recrutement en quelques chiffres

★

Nombre d'astronautes recrutés par l'ESA de 1975 à 2008 : **23**

Nombre de candidats à l'ESA en 2008 : **8 413 (dont 16 % de femmes)**

Durée des tests de sélection des candidats : **12 mois**

Nombre de candidats recrutés en 2009 : **6 (dont 1 femme)**

02

L'APPRENTISSAGE THÉORIQUE

Il y a trois phases dans l'instruction d'un astronaute : la formation de base, la formation avancée puis la formation spécifique pour la mission à laquelle on sera affecté. La première année, on passe 1 700 heures de classe à l'ESA.
Centre d'entraînement des astronautes européens de l'ESA, à Cologne.

Thomas Pesquet est assis dans une salle de classe aux côtés de ses collègues de promotion et prend avec attention des notes en écoutant son professeur de russe. La première année qu'il va passer à l'ESA sera essentiellement constituée de cours théoriques et Thomas, durant cette période, aura affaire à un très grand nombre d'instructeurs.

Lors de cette étape initiale, les jeunes recrues commencent par apprendre tout ce qu'il faut savoir sur l'ESA, son organisation, ses rouages, ses programmes scientifiques et le rôle qu'ils vont y jouer. Ils étudient aussi tout ce qui concerne les autres agences comme la NASA (États-Unis) ou Roscosmos (Russie). La deuxième partie de leur apprentissage, au cours de cette même année, est commune à tous – quelle que soit leur future mission – et consiste à acquérir les bases de l'ingénierie spatiale et de la robotique. Ils affinent leurs connaissances en physique, chimie et biologie afin de posséder tout ce que doit savoir un astronaute.

L'Agence spatiale européenne

★

Date de création : **30 mai 1975**

Pays membres (22) : Allemagne, Autriche, Belgique, Danemark, Espagne, Estonie, Finlande, France, Grèce, Hongrie, Irlande, Italie, Luxembourg, Norvège, Pays-Bas, Pologne, Portugal, République tchèque, Roumanie, Royaume-Uni, Suède, Suisse

Accords de coopération (11) : dont Bulgarie, Chypre, Lettonie, Lituanie, Malte, Slovénie, Slovaquie ; le Canada participe à certains programmes

Budget : **5,75 milliards d'euros** (2017)

Membres du personnel : **2300 agents** (dont 503 Français·es)

Centre d'entraînement des astronautes – European Astronaut Center (EAC) : Cologne (Allemagne)

Missions : vols habités, exploration, robotique spatiale, observation et télécommunications terrestres, conception de fusées

Grâce à des répliques à l'échelle réelle de chacun des modules de la Station spatiale internationale (ou ISS, pour International Space Station), les instructeurs leur enseignent aussi le fonctionnement de tous les systèmes de la Station, ses spécificités techniques, les opérations de maintenance de ses composantes, l'utilisation des tableaux de commande et l'architecture du laboratoire européen Columbus. Une formation en sciences du comportement est également prévue, afin qu'ils soient à même de gérer psychologiquement la vie en communauté dans le milieu extrême qu'est la Station.

Une complexité inattendue

Quand je révise mes déclinaisons de russe pendant six heures le dimanche, ça ne passionne personne. Apprendre le russe a certainement été l'exercice le plus difficile du parcours.

Tous les astronautes européens communiquent en anglais et doivent le parler couramment dès le dépôt de leur candidature : dans l'espace comme sur Terre, l'anglais demeure la langue universelle et principale. En revanche, aucun d'eux ne maîtrise le russe, qui va pourtant se révéler essentiel dans le domaine spatial.

Au-delà de son importance dans l'histoire de la conquête de l'espace, le russe est en effet pratiqué à toutes les étapes clés de leur carrière. La première année d'instruction théorique terminée, ils passent la moitié de leur préparation physique au Centre d'entraînement des cosmonautes Iouri Gagarine, près de Moscou, au cœur de la Cité des Étoiles. Tous les enseignements y sont dispensés dans la langue locale, jargon principal des simulateurs des systèmes de navigation du vaisseau Soyouz et de la Station. Une fois dans l'ISS, même si les astronautes se parlent en anglais, le russe reste nécessaire, notamment pour échanger avec les opérateurs au sol qui, depuis Moscou, les aident et les guident tout au long de leur mission.

L'apprentissage de cette langue est donc crucial pour la suite : Thomas et les autres suivront des cours de russe jusqu'à la fin de leur formation, à raison de deux à quatre heures hebdomadaires.

Communication multilingue

Assimiler le russe a de tout temps été une épreuve, et les illustres prédécesseurs de Thomas ont tous connu les difficultés de cette phase.

Dans les années 1970, les relations entre les États-Unis et l'Union soviétique se détendent sur le plan politique. Après dix-huit ans de compétition spatiale entre Russes et Américains, une première mission internationale voit le jour en 1975. Les deux nations mettent sur pied un programme spatial unique, et cette mise en commun de leurs technologies de pointe devient le symbole des espoirs de réconciliation entre l'Est et l'Ouest. Cette expédition exceptionnelle est baptisée « Apollo-Soyouz » en l'honneur des deux célèbres vaisseaux historiques, l'américain Apollo et le russe Soyouz. Le premier décolle de Cap Kennedy (Floride) le 15 juillet 1975, quelques heures après le second qui s'envole de Baïkonour (Kazakhstan) le même jour.

Trois astronautes sont recrutés côté américain (Thomas P. Stafford, Donald K. Slayton et Vance D. Brand) et deux cosmonautes sont choisis du côté russe (Alexeï Leonov et Valeri Koubassov). La question linguistique est immédiatement un problème de taille, chacun étant contraint de connaître la langue de l'autre.

Alexeï Leonov, qui s'est rendu célèbre en devenant le premier homme à faire une sortie dans l'espace le 18 mars 1965, a livré de nombreux souvenirs sur cette mission légendaire. Choisi dès 1973 pour participer à cet événement historique, il précise aussitôt à sa hiérarchie qu'il ne parle pas un mot d'anglais. On le rassure : il a deux ans pour l'apprendre ! Chaque pays édite un glossaire bilingue anglais/russe dédié au vocabulaire et aux expressions du domaine spatial. Les Américains comme les Russes travaillent jour et nuit mais ont de grandes difficultés à assimiler une seconde langue : à l'époque, seule la langue maternelle est enseignée dans leurs systèmes scolaires respectifs. Les agences réalisent alors des vidéos où le matériel des uns est expliqué dans la langue des autres. Le module historique américain Apollo est ainsi entièrement décortiqué en russe, et le vaisseau Soyouz détaillé en anglais pour les Américains.

Les premiers contacts entre astronautes et cosmonautes sont éloquents. Tous constatent avec humour que leur apprentissage linguistique a été terrible : ils baptisent leur charabia maladroit le « *russton* », un mélange entre « russe » et « Houston », cette ville du Texas où est implanté le centre spatial américain. Ils parlent aussi l'« *oklahomski* », allusion à l'accent traînant de l'Oklahoma avec lequel Thomas P. Stafford s'exprime en russe. Ces complications partagées font naître entre les astronautes une franche amitié, loin des conflits politiques qui rongent leurs deux pays. À l'entraînement, le *russton* devient tellement spécifique à leur petit groupe que ni leur entourage ni les instructeurs et techniciens ne comprennent un mot de ce qu'ils disent quand ils utilisent ce langage hybride. Une fois là-haut, leurs formateurs leur imposent au plus vite de n'utiliser que la langue de leur interlocuteur (le russe pour les Américains et l'anglais pour les Russes), pour que la communication soit fluide entre eux et surtout avec les équipes au sol !

Apprendre vite

La mondialisation aidant, les nouvelles générations d'astronautes absorbent bien plus facilement les langues étrangères que leurs aînés. Pour tous, cela reste cependant un véritable défi, car ils doivent être opérationnels dans des délais très courts. Thomas et ses collègues sont donc très tôt placés en immersion dans des milieux russophones afin de s'imprégner de la langue. Dès les débuts de sa formation à l'ESA, et pendant plusieurs mois, en plus des cours, il consacre ses soirées à de longues heures de conversation avec des étudiants russes. Après ce régime intense, Thomas part vivre un mois entier à Saint-Pétersbourg, hébergé dans une famille qui ne s'adresse à lui qu'en russe.

Les bases de la langue sont enfin assimilées au cours d'une année précieuse et chargée, mais Thomas est encore loin d'avoir le niveau requis pour voler : il doit à présent acquérir le vocabulaire spécifique du domaine spatial, abondant et très technique, même pour un Russe ! Traduire ce lexique très particulier est aussi complexe que pour les membres américains et russes de la mission Apollo-Soyouz de 1975. La solution trouvée est la même : les agences spatiales éditent des glossaires bilingues très denses, réservés aux astronautes.

03

L'ESPRIT D'ÉQUIPE

Bienvenue en Sardaigne ! Ses belles plages, son eau à 26 degrés, sa nourriture excellente, son soleil magnifique. Mais nous, nous sommes… dans ses grottes !

Juin 2011, grotte de Sa Grutta en Sardaigne.

Rampant péniblement dans un boyau dont l'extrémité disparaît dans l'obscurité, Thomas ironise sur une situation pour le moins surréaliste : c'est dans les entrailles d'une grotte humide et sombre qu'il se prépare à voyager dans l'espace… Depuis une semaine, il lutte dans ce labyrinthe de ténèbres avec d'autres astronautes dont certains, comme lui, sont des débutants.

Mais que font des apprentis astronautes au fond d'une grotte ?

Sous terre comme dans l'espace

Après une année essentiellement théorique où ils ont passé la majorité de leur temps dans des salles de classe, le moment est venu de démarrer leur formation pratique. Un de leurs premiers entraînements a pour cadre cette grotte sarde.

CAVES (Cooperative Adventure for Valuing and Exercising human behaviour and performance Skills) a été créée par l'Italienne Loredana Bessone, considérée comme l'une des meilleures spécialistes mondiales du comportement de groupe en milieu extrême et de la préparation psychologique des astronautes aux missions de longue durée. Diplômée en sciences de l'information et en ingénierie spatiale, elle a participé en 2002 au programme spatial européen Aurora, dont l'objectif était l'exploration robotique et humaine du système solaire. Dans le cadre de ses études sur les missions habitées sur Mars, elle s'est rapidement rendu compte que le facteur humain individuel et la cohésion d'une équipe sont deux éléments essentiels à maîtriser pour les voyages spatiaux de longue durée.

En 2008, à l'ESA, elle est responsable des exercices liés aux performances et aux comportements (Human Behaviour and Performance Training), dont le but est d'apprendre aux astronautes à travailler efficacement – et en toute sécurité – au sein d'un groupe multiculturel et dans un environnement à risques.

Au fil de leurs recherches, Loredana et ses collaborateurs sont arrivés à la conclusion que, paradoxalement, le ventre de la Terre est le milieu le plus proche de l'infini spatial ou d'un territoire extraterrestre, un lieu idéal pour préparer de futurs astronautes à leur voyage. Les conditions de vie y sont intenses et dangereuses, ils sont isolés du monde extérieur et privés de leurs repères, ils peuvent être amenés à se déplacer à plat ventre ou à escalader des pans verticaux.

Durant le stage, on leur confie des missions scientifiques variées : ils doivent notamment effectuer des tâches liées à l'exploration d'une autre planète, comme des relevés topographiques, des prélèvements biologiques, minéraux et végétaux. Ils apprennent aussi à rester soudés et efficaces.

Le choix de la grotte

Une grotte d'entraînement pour de futurs astronautes doit répondre à plusieurs critères. Elle doit être assez large pour accueillir plusieurs expéditions, présenter des possibilités de circulation variées, à la fois horizontales et verticales, afin qu'ils ne tombent pas dans une routine trop facile – sans pour autant présenter des difficultés insurmontables qui feraient obstacle à leur mission. La température doit rester vivable tout en étant inconfortable. Les voies doivent permettre de transporter une grande quantité de matériel. Il faut que le parcours de l'équipe soit jalonné de zones suffisamment vastes pour établir un campement, et demeurer à l'abri des inondations.

En Europe, la meilleure candidate pour cette expérience est Sa Grutta, en Sardaigne. Ses espaces de circulation ou d'installation s'étendent sur une longueur totale estimée à 25 km pour une profondeur de 800 m. Il y règne une température constante de 14 °C, une humidité relative de 100 %, et l'obscurité enveloppe tout au-delà d'un rayon de 20 m.

L'équipement et la mission

De 2008 à 2011, Loredana Bessone s'est formée à la spéléologie pour pouvoir conduire les apprentis astronautes au fond de la grotte. Elle s'est familiarisée avec les équipements spécifiques de cette activité, mais aussi avec les logistiques de survie et le fourniment scientifique nécessaires pour que le groupe puisse mener sa mission à bien.

Outre le matériel standard – câbles, salopettes et casques –, certaines marques ont développé des outils propres à l'entraînement de CAVES. Gaibana a ainsi mis au point des chaussures faciles à porter et adhérant parfaitement à la roche. Scurion fournit à l'agence spatiale des lumières permettant de voir loin dans l'obscurité. Le système de radio XFerra rend possible la transmission à travers les parois. Même les vêtements sont concernés : Cupron propose des chaussettes spéciales, antimicrobiennes, pour évoluer dans les milieux hostiles.

Les astronautes disposent également d'un équipement de pointe pour leurs relevés et prélèvements scientifiques. Depuis 2014, un drone d'évitement de collision (Flyability) leur permet ainsi d'explorer en toute sécurité des fosses très dangereuses ;

cet exemple de collaboration entre humains et robots sera utile lors de l'étude d'autres planètes. Ils utilisent aussi un Cave Sniper, un distance-mètre dernier cri, pour cartographier rapidement les lieux. Côté nourriture, on leur fournit celle qu'ils auront dans la Station spatiale.

Au cours de leur exercice, les astronautes ont de multiples objectifs à atteindre. Ils doivent se rendre, sans GPS, d'un point A à un point B en suivant un trajet très complexe qui leur prendra toute la semaine. Il leur faut en parallèle prélever des échantillons biologiques et minéraux, photographier des zones encore non explorées de la grotte – elle est suffisamment vaste pour que chaque année des secteurs encore vierges soient prospectés – et relever la topographie de certaines parties du lieu.

L'épreuve physique est importante. La grotte, comme l'espace, est un univers étranger auquel les astronautes doivent s'adapter au plus vite. Ils transportent leurs déchets organiques dans leur sac à dos et ne peuvent espérer aucune intimité pendant une semaine entière. L'obscurité permanente altère leur appréhension de l'espace, et les premiers jours beaucoup d'entre eux ont tendance à se perdre dans le souterrain. Il faut faire très attention à l'endroit où l'on pose le pied, pour ne pas risquer de se tordre une cheville… ou de tomber dans le vide.

Mais le défi est avant tout humain. Thomas fait partie d'une équipe : il doit tenir compte à chaque instant de cette réalité qui sera aussi celle de la Station spatiale.

Une coopération internationale

Depuis le début de la construction de l'ISS, en 1998, quatorze nations participent à un projet devenu mondial : la Russie, les États-Unis, le Canada, le Japon et dix pays d'Europe regroupés à l'ESA (Belgique, Danemark, France, Allemagne, Italie, Pays-Bas, Norvège, Espagne, Suède et Suisse).

Cette vocation internationale impose deux règles.

Premièrement, les astronautes issus des pays prenant part aux missions de la Station spatiale internationale s'entraînent dans le monde entier afin que tous aient les mêmes compétences une fois arrivés dans la Station. Deuxièmement, comme ils viennent de tous les horizons, ils se retrouvent en équipe pour apprendre à minimiser les obstacles culturels qui pourraient les empêcher de vivre en harmonie dans l'espace.

Les équipes constituées par les expéditions de CAVES mettent les astronautes en situation réelle : une cohabitation, comme dans la Station, avec des membres issus d'autres agences spatiales. Il est impératif qu'ils apprennent à vivre ensemble en tenant compte de leurs différences de caractère ou de culture.

Le groupe avec lequel s'entraîne Thomas est composé de son camarade anglais Timothy Peake, du Japonais Kanai Norishige (médecin militaire sélectionné en 2009 par la JAXA), de l'Américain Randy Bresnik (pilote militaire sélectionné par la NASA en 2004) et du Russe Sergueï Ryjikov (pilote militaire sélectionné par l'Agence spatiale russe en 2006).

Depuis 2011, cinq éditions de CAVES ont été assurées par Loredana Bessone. Elle a ainsi formé 28 astronautes dont 7 Européens (2 Italiens, 1 Français, 1 Danois, 1 Anglais, 1 Allemand et 1 Espagnol), 8 Américains, 6 Russes, 4 Japonais, 2 Canadiens et 1 Chinois.

La création des agences spatiales actuelles dans le monde

★

États-Unis – NASA – **1958**
Europe – ESA – **1975**
Canada – ASC/CSA – **1989**
Russie – Agence spatiale russe – **1992**
(Roscosmos depuis **2014**)
Chine – CNSA – **1993**
Japon – JAXA – **2003**

Les enjeux

Il faut apprendre à vivre en équipe car c'est en équipe qu'on partira dans la Station spatiale et vers d'autres planètes, vers d'autres corps célestes.

Dès le début de l'expérience, les membres de CAVES se partagent les rôles qu'ils tiendront pendant cette semaine sous terre. Les profils sont très variés puisqu'il y a des ingénieurs, des pilotes et des scientifiques. La direction est assurée par l'un d'eux, nommé à cet effet – ici Timothy Peake –, et les autres se répartissent les fonctions scientifiques et logistiques. Thomas commence par le rôle d'éclaireur, qui consiste à marcher en avant du groupe pour trouver le chemin le plus aisé.

Dans ce type de contexte, chacun doit veiller sur ses coéquipiers et s'adapter à leur rythme et à leurs habitudes, ce qui n'est pas toujours facile. Thomas s'est ainsi retrouvé confronté à un imprévu : alors qu'il avançait bon train pour explorer la grotte de plus en plus profondément, il n'a pas suffisamment tenu compte de l'avancée de ses compagnons chargés de cartographier les lieux. Des lumières fixées sur son sac signalent sa présence à ses partenaires, mais il n'est pas pour autant autorisé à s'éloigner de plus de 200 m, soit 20 minutes à l'avant du groupe. Il a donc été rappelé à l'ordre et contraint d'attendre que la cartographie de cette partie du terrain soit achevée. Le lendemain, les rôles ont été inversés et Thomas était cette fois chargé de cartographier une nouvelle zone. À son tour il a dû signaler à ses collègues, devenus éclaireurs et impatients eux aussi d'explorer la grotte, qu'ils avaient distancé la troupe. Première leçon : il est crucial de se montrer patient et d'adopter le même rythme que l'autre.

À chaque étape de l'apprentissage, Loredana Bessone surveille le bon fonctionnement du groupe, distille des conseils et fait prendre conscience à chacun des impératifs du travail d'équipe dans cet environnement hors normes. Œuvrant dans l'ombre, elle est une pièce essentielle, comme tous les formateurs répartis aux quatre coins du monde, de la préparation des astronautes.

Les héros de l'ombre

Il y a un lien émotionnel très fort entre les instructeurs et nous, on est fiers de travailler avec eux. Ce sont des gens généreux, qui nous donnent énormément.

Un esprit collectif anime les membres d'équipage, mais il s'étend aussi aux nombreux formateurs, spécialistes dans de multiples domaines, qui façonnent les astronautes. À l'ESA, qui emploie environ 2000 personnes, près de 175 spécialistes, instructeurs techniques, professeurs de langues, médecins ou ingénieurs, entraînent les astronautes européens. Des centaines d'autres enseignants sont répartis entre les États-Unis, la Russie et le Japon. Ces femmes et ces hommes des coulisses, rouages anonymes du domaine spatial, ont formé des centaines d'astronautes depuis plus d'un demi-siècle. Mentors bienveillants des héros de l'espace, ils sont la main qui les éduque et leur apprend à survivre à 400 km de la Terre.

Le lien qui unit les astronautes à leurs instructeurs est fort et chargé d'émotion. Thomas, comme tous les autres, aura une pensée pour eux au moment du départ : « On ne peut malheureusement pas les emmener avec nous, mais on part avec leur travail et une partie de leurs rêves. »

Une leçon primordiale

Ce stage de survie dans la grotte sarde aura été autant un défi physique qu'une épreuve psychologique, une véritable confrontation avec soi-même. Les astronautes y ont identifié leurs faiblesses et celles du groupe : ils sauront désormais dialoguer avec leurs partenaires lorsque surgira un problème technique ou humain, et réfléchir ensemble à la meilleure façon de le résoudre.

L'esprit d'équipe dont Thomas a fait preuve au cours des tests de sélection trouve ici sa concrétisation et confirme, chez lui comme chez ses collègues, une aptitude essentielle à tout candidat au voyage spatial. Dans Sa Grutta, il identifie la clé de voûte de son métier et comprend un principe primordial valable dans toutes les situations et pour tous les équipages : un astronaute ne peut jamais réussir seul.

04

LE TAXI DE L'ESPACE

Le vol spatial et le pilotage d'un avion de ligne sont très semblables. Le décollage est très dynamique, il y a ensuite une période assez longue en croisière où on utilise le pilotage automatique, et enfin, au moment de l'amarrage, on passe en phase manuelle.

Mai 2012, Cité des Étoiles, à 40 km au nord-est de Moscou.

Thomas Pesquet, Samantha Cristoforetti et Andreas Mogensen sont enfermés dans le simulateur du vaisseau russe Soyouz, situé dans une salle d'entraînement de la Cité des Étoiles. L'habitacle est inconfortable et les jeunes astronautes, engoncés dans leur combinaison spatiale, sont confinés dans un espace très réduit. La radio intérieure leur transmet en simultané la voix d'un instructeur qui les conseille et les corrige dans leurs manipulations techniques.

Ils sont dans un lieu fameux de l'histoire de la conquête spatiale et apprennent à piloter un vaisseau qui a fait, et fait encore, la gloire de la technologie russe.

Le foyer de la conquête spatiale

Également connue sous le nom de Star City, la Cité des Étoiles est un lieu de passage obligé pour les astronautes du monde entier. Thomas foule un sol devenu mythique au même titre que les légendes engendrées par l'univers spatial russe.

Parmi ces figures, l'ingénieur en aéronautique surdoué Sergueï Korolev, qui a été le moteur et l'organisateur du programme spatial soviétique dès la fin des années 1950. Il travaille sur les célèbres bombardiers Tupolev en 1930, alors qu'il n'a que 23 ans, et entame dès 1931 des recherches sur la conception des fusées et des missiles. Victime des purges staliniennes, il est envoyé au goulag en 1938 ; libéré en 1944, il est chargé de poursuivre ses recherches sur les missiles balistiques dans le cadre de la rivalité naissante entre l'URSS et les États-Unis. Korolev et ses équipes mettent au point la célèbre fusée R-7 Semiorka, d'abord en tant que missile balistique intercontinental, ensuite en tant que lanceur spatial qui envoie Spoutnik en orbite terrestre le 4 octobre 1957. Sa conception est tellement fiable qu'elle sert encore aujourd'hui de base technologique pour envoyer des humains dans l'espace.

Alexeï Leonov est une autre légende de la Cité des Étoiles. Quand il est sélectionné, en 1960, il a 26 ans et appartient au corps des pilotes de l'armée soviétique. Le 18 mars 1965, après un entraînement intensif, il devient le premier homme à effectuer une sortie dans l'espace. En 1975, il est le commandant du vaisseau russe de la mission Apollo-Soyouz, pour laquelle des astronautes américains viennent s'entraîner avec lui à Moscou.

Et c'est ici qu'aujourd'hui des astronautes de tous les pays se préparent au grand voyage vers l'ISS.

La Cité des Étoiles

★

Création de la ville : **11 janvier 1960**
Superficie de la ville : **317,8 ha**
Habitants de la ville : environ **6000**
Juillet 1960 : installation du centre d'entraînement des cosmonautes (**TSPK**),
renommé **Iouri Gagarine** : **30 avril 1968**
Personnel du centre d'entraînement :
1 100 agents (en 2005)
Cosmonautes formés : **400 dont**
140 non russes (en 2005)

Les vaisseaux

Pour un voyage habité, la charge utile, placée au sommet de la fusée, est un vaisseau pouvant accueillir entre un et trois passagers. Ces vaisseaux habités ont connu une belle évolution avec le temps et selon les nations.

Les débuts de la conquête spatiale forcent ses héros à prendre place dans des habitacles extrêmement réduits. Les candidats cosmonautes ne doivent pas mesurer plus de 1,70 m, et peser moins de 70 kg. L'une des raisons du choix de Iouri Gagarine pour sa mission historique fut justement sa taille : il ne mesurait que 1,59 m et pouvait ainsi « tenir » dans la capsule Vostok, un espace habitable de 1,60 m^3 seulement. À la même époque, la capsule américaine Mercury, d'un volume habitable de 1,70 m^3, peut accueillir des astronautes mesurant jusqu'à 1,80 m et pesant au maximum 80 kg. Les capacités évoluent peu à peu, un pays suivant l'autre. La capsule américaine Gemini, développée en 1961, est conçue pour recevoir deux astronautes ; en Russie, elle est suivie en 1964 de Voskhod, qui logera jusqu'à trois personnes. Le vaisseau Apollo, qui emmène en 1969 les astronautes américains sur la Lune, peut lui aussi accueillir trois passagers.

Dans les années 1980, on assiste à une révolution de la technologie du vaisseau spatial, avec le développement phénoménal de la navette américaine qui accueille jusqu'à huit passagers. Mais en 1986, alors que la navette Challenger vole depuis 1982 sans encombre, un accident tragique remet tout le programme en question. Lors du lancement du 28 janvier, après 73 secondes de vol, elle se désintègre en raison d'une rupture des joints qui isolent l'un des deux propulseurs à poudre du principal réservoir d'hydrogène. L'habitacle est éjecté de la fusée, mais les sept membres d'équipage meurent dans les deux minutes qui suivent l'explosion…

Le programme se poursuit malgré cette catastrophe, mais à partir de 1995 les Russes et les Américains unissent leurs projets et développent des systèmes d'amarrage communs afin de permettre à la navette américaine de joindre la station Mir. Ils partagent ainsi des opérations de maintenance, et des astronautes américains sont véhiculés dans le Soyouz. Cette coopération américano-russe a un impact direct sur la conception de l'habitacle du Soyouz, dont la hauteur est accrue pour s'adapter à la taille des Américains. Dès lors, les membres d'équipage de la capsule russe peuvent ainsi mesurer jusqu'à 1,90 m pour un poids maximal de 95 kg, alors que jusqu'alors leur taille ne pouvait excéder 1,84 m pour 85 kg.

En 2003, un nouvel accident survient : la navette Columbia disparaît au moment de sa rentrée dans l'atmosphère et aucun de ses sept membres d'équipage ne survit. Le programme de la navette prend progressivement fin et le célèbre vaisseau spatial est délaissé ; en 2011, il cède sa place au vaisseau Soyouz.

Un taxi pour l'espace

À quoi sert le vaisseau que Thomas et ses collègues apprennent à piloter ?

Soyouz est avant tout un véhicule destiné à les transporter de la Terre à la Station spatiale. Une fois amarré à cette dernière, il y reste garé pendant six mois. L'équipage moyen de la Station étant composé de six astronautes, la moitié d'entre eux retournent sur Terre tous les trois mois pour laisser la place aux trois suivants. Aussitôt leur mission achevée, ils rentrent dans l'habitacle du véhicule, le décrochent et repartent vers la Terre.

Deux Soyouz sont amarrés à l'ISS en permanence pour permettre l'évacuation de l'équipage complet en cas d'urgence.

La conception de l'engin répond précisément à son rôle de taxi. Avec une longueur de 10 m, un diamètre de 2,62 m et un poids total de 7,25 tonnes, le Soyouz peut avoir une autonomie énergétique de vol orbital de 14 jours grâce au déploiement de ses panneaux solaires. Le vaisseau est composé de trois éléments. Le premier est le compartiment de vie, contenant le système d'amarrage à la Station et les systèmes de communication avec la Terre et l'ISS. Y sont aussi stockés des provisions de nourriture et 30 litres d'eau pour assurer la survie des passagers pendant leur transfert. Le deuxième est l'habitacle des astronautes, appelé aussi le compartiment de descente, protégé par un bouclier thermique pour assurer le retour sur Terre. La troisième partie du vaisseau est le compartiment des machines et des instruments, composé principalement des moteurs de contrôle d'orientation et des réserves d'oxygène.

Apprendre à conduire

Le Soyouz est en principe entièrement automatisé, mais il faut parer à toutes les éventualités : en cas de problème technique majeur, l'équipage doit pouvoir piloter manuellement le vaisseau.

Au centre du compartiment de descente est assis le commandant de bord, responsable de la mission et garant du bon déroulement du trajet de la Terre à la Station. Il communique avec les équipes au sol et réoriente l'engin pour un amarrage à la Station si les procédures automatiques tombent en panne. À sa gauche se trouve l'ingénieur de bord, qui l'assiste dans sa tâche en vérifiant notamment les paramètres d'orientation du Soyouz et le bon fonctionnement du support de vie, comme le niveau d'oxygène ou de pressurisation. Enfin, à droite du commandant se trouve le siège de l'ingénieur de bord n° 2 (ou d'un passager privé, pour la modique somme de 35 millions de dollars la semaine !), qui n'aura pas de rôle à jouer avant son arrivée à la Station.

L'entraînement dédié au vaisseau peut s'étendre sur cinq ans ; en général, les astronautes ne découvrent le rôle qu'ils tiendront dans le Soyouz qu'au cours de la quatrième année. Ils sont pour cette raison formés à tous les postes : Thomas apprend donc aussi bien à être ingénieur de vol que commandant de bord, pour pouvoir remplacer au pied levé n'importe lequel des membres de l'équipage pendant la mission à venir.

Voyager en Soyouz comporte six grandes étapes : le lancement, l'entrée en orbite, l'approche, l'amarrage, et le désamarrage pour le retour sur Terre. Les moments les plus risqués sont le décollage, l'amarrage et l'atterrissage.

L'entraînement est progressif et fait franchir aux astronautes différents paliers. Au début, la simulation met en scène des situations tout à fait attendues et gérables : les astronautes ne sont confrontés à aucun incident qui les contraindrait à un pilotage manuel. Mais les instructeurs les mettent face à des cas de plus en plus complexes et imprévus : au mieux, le système automatique tombe en panne et il faut piloter le vaisseau manuellement ; au pire, un accident grave les met tous en danger de mort…

Se préparer au pire

Le Soyouz est un véhicule dangereux : on va très vite, on monte très haut, et en dessous brûle une quantité énorme de carburant qui représente une énergie chimique explosive.

Les procédures de pilotage standard sont assimilées : il est temps maintenant de se préparer au pire !

Les ingénieurs exposent aux apprentis astronautes les multiples accidents qui peuvent survenir. Les plus graves sont un incendie ou une fuite dans les parois de l'habitacle, qui entraîneraient la dépressurisation de la cabine. Celle-ci se viderait de son oxygène et les passagers mourraient asphyxiés.

Mais ils sont formés et équipés pour réagir au mieux dans de tels cas. Pour faire face à la dépressurisation, mais aussi les protéger si un feu se déclare dans la cabine, les astronautes portent une combinaison appelée Sokol, réalisée sur mesure pour chacun d'eux, qui leur permettra de respirer en présence de fumée. Conçue dès le début des années 1970 par les ingénieurs russes, elle est fabriquée depuis 1973 par la société Zvezda, basée dans la banlieue de Moscou. Utilisée exclusivement pour les voyages aller et retour à bord du Soyouz, elle est dite «intra-véhiculaire». Elle est d'une seule pièce, à part les gants, pour minimiser les risques de fuite, et son étanchéité est assurée par une sous-couche initialement en caoutchouc et aujourd'hui confectionnée en Kapron, un matériau synthétique plus léger. Elle s'enfile par-devant après avoir ouvert une simple fermeture Éclair. Si tout se déroule comme prévu pendant le voyage, elle ne sert à rien ; mais si un accident survient, le régulateur intégré à la combinaison détecte la baisse de pression et ouvre automatiquement l'arrivée d'oxygène depuis la réserve de secours placée dans le compartiment des machines et des instruments du Soyouz. En cas de fuite dans le vaisseau, la Sokol fonctionne comme une bulle d'air pressurisée et étanche.

C'est un accident dramatique qui est à l'origine de l'invention de cette protection spécifique. En 1971, l'équipage de Soyouz 11, constitué de Gueorgui Dobrovolski, Viktor Patsaïev et Vladislav Volkov, est sur le chemin du retour. À cette époque, les cosmonautes ne portent que des vêtements les protégeant du froid. Mais le Soyouz a un problème inattendu et l'équipage subit une dépressurisation totale en revenant sur Terre : les trois cosmonautes meurent en quelques minutes à peine et les équipes au sol ne s'en aperçoivent qu'après l'atterrissage de la capsule… Demeurés impuissants face à ce drame, les ingénieurs russes conçoivent et fabriquent alors dès 1973 la fameuse combinaison Sokol, qui est aujourd'hui encore une véritable armure pour les passagers.

Ici comme ailleurs, la fluidité de la communication et le sang-froid jouent un rôle vital. Dans le simulateur du Soyouz, Thomas, Samantha et Andreas sont ainsi régulièrement confrontés à des situations alarmantes qui les contraignent à réagir vite et efficacement pour sauver leur vie. Ces procédures d'urgence doivent être maîtrisées à la perfection, car au décollage les astronautes s'apprêtent à subir une épreuve physique hors du commun.

05

UNE ACCÉLÉRATION DÉMESURÉE

Avant d'être astronaute, j'étais pilote civil. Contrairement aux pilotes de chasse, je n'ai donc jamais subi des forces d'accélération importantes au décollage ou à l'atterrissage.

Cité des Étoiles.

Thomas s'apprête à subir un test dans une machine emblématique de l'entraînement des astronautes, la centrifugeuse. Redoutée par ses prédécesseurs, cette épreuve incontournable permet de mesurer leur résistance à deux moments particulièrement difficiles du voyage spatial : le décollage et l'atterrissage. L'effort physique soutenu qu'il faut fournir lors de ces deux phases a un impact considérable sur le corps humain, l'ESA doit donc préparer les astronautes à ce qui s'apparente à un choc et mesurer leur capacité à le subir.

MISE EN ORBITE

Pour atteindre la Station, la fusée propulsant le vaisseau habité doit l'envoyer à plus de 400 km d'altitude pour le mettre en orbite basse autour de la Terre, afin qu'il rejoigne la Station spatiale internationale, elle-même en orbite constante autour de la planète.

Comment se déroule une telle opération ? Satelliser un objet, c'est lancer un corps dans l'espace avec une vitesse constante lui permettant de décrire une orbite autour de la Terre, sous le seul effet de la gravité exercée sur lui. Mais l'atmosphère terrestre se présente comme un bouclier et fait obstacle à l'envoi de l'objet. Composée d'air, l'atmosphère qui enveloppe notre planète la protège du rayonnement solaire ultraviolet et des écarts de température. Lorsqu'on lance un objet en l'air, les frottements de cet air vont automatiquement ralentir le projectile, qui finira inexorablement par retomber sur Terre. Il faut donc réussir à envoyer le vaisseau directement dans le vide spatial, c'est-à-dire au-delà de la limite de l'atmosphère, entre 100 et 120 km. Un enjeu considérable. Pour cela, il faut atteindre la première vitesse cosmique qui contrebalance la gravité et la force centrifuge de sa trajectoire. Une fois cette vitesse atteinte, ces forces s'équilibrent, et le vaisseau est enfin en orbite. Il suit alors une trajectoire courbe qui le fait tomber constamment vers la Terre. La vitesse régulière du vaisseau et la forme arrondie de la Terre maintiennent cette courbe.

Désormais, pour s'approcher de l'ISS, il doit atteindre sa vitesse, d'un minimum de 28 000 km/h. On parle de « vitesse de satellisation », qui est maintenue en réajustant régulièrement la trajectoire de la Station pour éviter qu'elle tombe effectivement sur la planète. Un vaisseau ou un satellite peut aussi s'arracher définitivement à l'attraction terrestre et échapper à son orbite. C'est le cas lorsqu'on veut qu'il atteigne la deuxième vitesse cosmique, aussi appelée « vitesse de libération », utilisée pour envoyer des engins explorer d'autres planètes.

Un défi technologique

Le challenge est de taille : en huit minutes, la fusée – ou lanceur – et le vaisseau spatial occupé par ses trois passagers doivent atteindre la vitesse de 28 000 km/h.

Quelques lanceurs célèbres (pour les vols habités)

Lanceur	Vaisseau	Origine	Années d'utilisation	Événement marquant
Vostok	Vostok	URSS	1960-1964	Envoi du premier homme dans l'espace (1961)
Soyouz-Semiorka	Soyouz	URSS/ Russie	1967-aujourd'hui	A longtemps été le seul à envoyer des hommes dans l'espace (1967 : 1er vol habité du Soyouz)
Saturn V	Apollo	États-Unis	1967-1973	Envoi du premier homme sur la Lune (1969)
Space Shuttle	Navette spatiale	États-Unis	1981-2011	Premier véhicule habité, partiellement réutilisable (1981)
Shenzhou	Shenzhou	Chine	2003-aujourd'hui	Vaisseau ralliant la Terre à la Station spatiale chinoise

Depuis les débuts de la conquête spatiale, des fusées d'une incroyable variété ont été créées par les ingénieurs, proposant des fonctionnements parfois radicalement opposés. Certaines ont marqué les esprits et sont devenues célèbres, comme la fusée Soyouz-Semiorka qui tire son nom du vaisseau qu'il porte, le Soyouz. C'est d'ailleurs le cas de la majorité des lanceurs.

Le lanceur Soyouz aujourd'hui

★

Nom officiel : **Soyouz FG** ou 11A511U-FG
Premier vol : **mai 2001**
Vaisseaux Soyouz lancés avant
la mission Proxima : **47**
Taux de réussite : **100 %**
Constructeur : RKTS Progress à Samara
Hauteur : **49,5 m**
Diamètre : **2,7 m**
Nombre d'étages : **3**
Masse au décollage : **315 tonnes**
Ergols (carburant) : oxygène liquide
et kérosène raffiné (T-1), **270 tonnes**
Poussée : **4 150 kilonewtons**
Capacité : **7,1 tonnes** vers l'orbite basse

Ce défi ne peut être relevé qu'en résolvant la question primordiale du choix du carburant utilisé pour alimenter les moteurs des lanceurs.

Première option, les moteurs à ergol solide (à poudre) qui, malgré leur grande capacité d'accélération, leur moindre coût et leur facilité d'utilisation, de transport et de stockage, ne sont pas faciles à contrôler. Les Russes ont fait le choix d'écarter ces moteurs pour leurs lanceurs dédiés aux vols habités. Car, une fois un moteur à ergol solide allumé, il n'est plus possible de l'arrêter. Si le décollage se passe mal, impossible de réguler la poussée du lanceur. Ce fut le cas lors de l'incident technique de la navette Challenger en 1986, qui explosa au décollage, causant la mort de sept astronautes. En revanche, la tour de sauvetage qui surmonte les Soyouz habités est équipée de trois moteurs à poudre capables de se déclencher très rapidement en cas de problème, et d'expédier le vaisseau loin du pas de tir. C'est grâce à eux qu'en 1983, les deux occupants russes du Soyouz T-10A, Vladimir Titov et Guennadi Strekalov, furent expédiés à 4 km du pas de tir après l'incendie qui s'était déclenché sur leur lanceur.

Il existe aussi les moteurs à ergols liquides, qui mélangent deux éléments stockés à très basse température, l'oxygène (- 183 °C) et l'hydrogène liquides (- 253 °C). Une technologie complexe à mettre en œuvre elle aussi, en raison des propriétés délicates de l'hydrogène liquide. Il a d'abord une densité réduite – 70 kg/m^3 alors que celle de l'eau, par exemple, est de 1 tonne/m^3–, ce qui oblige à équiper le lanceur d'énormes réservoirs pour stocker suffisamment de comburant, et les pompes qui amènent l'hydrogène dans la chambre de combustion doivent tourner à un régime très élevé. Sa viscosité est très faible, et il peut donc s'insinuer dans les interstices les plus microscopiques : les circuits de circulation du combustible doivent être d'une étanchéité absolue. Enfin, dans le lanceur, l'hydrogène finit toujours par se réchauffer et se transforme en partie en gaz : à la moindre étincelle, il peut exploser… Ils ne sont donc plus utilisés pour des vols habités.

Le troisième système, plus classique, a été mis au point dès 1955 par des ingénieurs russes sous la direction de Sergueï Korolev, pour le lanceur R-7 Semiorka. Le moteur à ergols liquides mélange dans la chambre de combustion un « couple » de composés chimiques pompés depuis des réservoirs distincts : le carburant lui-même (le kérosène), et l'oxygène liquide faisant fonction de comburant qui, par une réaction chimique, permet l'embrasement du kérosène. Les composantes de ce système sont conservées à température ambiante, ce qui évite d'altérer les matériaux qui les contiennent. Le contrôle de la combustion est indispensable, car il faut couper l'arrivée du kérosène et de l'oxygène liquide pour arrêter la réaction chimique. Ces moteurs ont ainsi l'avantage de pouvoir être modulés plusieurs fois de suite pendant le vol ascensionnel, afin de régler la poussée du lanceur.

Subir une vitesse extraordinaire

Sur Terre, la pesanteur, c'est-à-dire la force d'attraction que notre planète exerce sur tout corps doté d'une masse, se traduit par une accélération de 9,81 m/s^2. Cette force est appelée *g* (pour « gravité »).

Lors d'un décollage, l'astronaute subit une accélération dont la vitesse dépasse cette pesanteur dite normale. L'accélération peut représenter le double de celle de la pesanteur terrestre (on parle alors de « 2 *g* ») : l'astronaute, plaqué contre son siège, ressent alors deux fois le poids de son corps. À 4 *g*, tout est multiplié par quatre et sa tête, habituellement de 5 kg, pèse 20 kg sur son cou – sans compter le poids du casque. Au moment du retour, la rentrée du vaisseau dans l'atmosphère se fait elle aussi à grande vitesse et les passagers affrontent une poussée équivalente, voire pire en cas d'incident. Si le véhicule spatial épouse un mauvais angle pour pénétrer dans l'atmosphère, Thomas pourrait subir bien plus que 4 *g* lors de son retour sur Terre !

Une telle épreuve est extrêmement pénible pour les pilotes, aussi expérimentés soient-ils. Alan Shepard, le premier Américain envoyé dans l'espace le 5 mai 1961, subit après ce bref séjour au-delà de l'atmosphère – 15 minutes – une décélération de 11 *g*. Mais Vladimir Titov et Guennadi Strekalov atteignent des sommets durant une fraction de seconde en 1983, après leur éjection par la tour de sauvetage du Soyouz : 21,3 *g* !

Que vit le corps de l'astronaute à ce moment ? En situation de pesanteur terrestre normale, le sang est envoyé en priorité vers le crâne. Mais, soumis à des forces d'accélération élevées, il est aspiré vers le bas du corps, privant ainsi le cerveau de globules rouges et donc de l'oxygène dont il a besoin. Lors du pilotage du vaisseau Soyouz, les astronautes se servent bien plus de leur tête que de leurs jambes, or l'accélération violente de l'engin entraîne de nombreux symptômes néfastes : ils ne perçoivent plus les couleurs, leur vision partiellement altérée vire au gris, et ils peuvent aller jusqu'à perdre connaissance.

Préparer les astronautes à cette épreuve, c'est éprouver leur résistance à une phase critique mais inévitable du voyage qui les attend.

Une épreuve de force

Dès les premiers vols habités, les ingénieurs russes mettent au point un système de centrifugeuse composé d'un grand bras métallique dont une extrémité, fixée à un moteur, le met en rotation autour d'un axe vertical. L'autre extrémité est constituée d'une cabine dans laquelle prend place le passager. En tournant autour de son axe, ce bras simule l'accélération très élevée que les cosmonautes pourraient encaisser.

Une première version fut construite en 1971, avec un bras d'une longueur totale de 7 m permettant de simuler jusqu'à 20 *g* ; elle était uniquement conçue pour tester du matériel à envoyer dans l'espace. Une autre version a ensuite été commandée à une firme suédoise ; d'une longueur de 18 m, elle permet de simuler une accélération allant jusqu'à 30 *g*.

Les premiers essais humains n'ont eu lieu qu'en 1981. Aujourd'hui, la formation des astronautes de l'ESA prévoit six sessions d'entraînement dans les centrifugeuses. Pour résister aux difficultés rencontrées lors des fortes accélérations, les pilotes militaires comme les pilotes acrobatiques apprennent plusieurs techniques. La plus connue est la contraction des muscles du thorax, de l'abdomen et des jambes, qui permet d'accélérer la circulation du sang et de ralentir l'éventuelle brève perte de connaissance. Le pilote abaisse sa tête entre ses épaules afin de réduire la distance entre le cœur et le cerveau et d'optimiser l'afflux sanguin. Les poumons étant comprimés par la poussée, il faut alterner le blocage respiratoire sur glotte fermée et une reprise inspiratoire rapide toutes les trois secondes, avec une période de décontraction de moins d'une seconde après chaque cycle.

Thomas utilise aujourd'hui tous ces procédés pour encaisser les 4 *g* que lui inflige la machine – au cours de certains entraînements, cette force peut même atteindre 8 *g*. Chaque cycle dure à peu près 5 minutes ; il en enchaîne trois, avec de brèves pauses allant jusqu'à 10 minutes.

Au cours du test, ses constantes médicales sont étroitement surveillées par les spécialistes qui l'entourent : une caméra est installée dans l'habitacle, une ceinture médicale est fixée sur sa poitrine pour vérifier son rythme cardiaque et sa respiration, un brassard contrôle sa pression artérielle. Depuis la cabine de contrôle, les médecins dialoguent sans cesse avec lui pour s'assurer qu'il reste pleinement conscient pendant toute la durée de l'exercice.

Thomas doit effectuer sur demande plusieurs tâches, comme déchiffrer des mots inscrits sur une table lumineuse – similaire à celle qu'utilise un ophtalmologue lors d'un test d'acuité visuelle – ou encore réagir à l'allumage d'une série d'ampoules placées dans un arc de 180 degrés. S'il reste concentré dans ce tourbillon intense, il saura tenir le choc quand il sera confronté à la sensation fulgurante qui l'attend. Une fois le cycle terminé, la vitesse de la centrifugeuse décroît progressivement et elle finit par s'arrêter. La résistance éprouvée ici par Thomas n'est ni plus ni moins qu'une question de vie ou de mort là-bas.

En situation réelle, le vaisseau entre dans le vide spatial quelque 7 à 10 minutes après le décollage. À ce moment précis, en quelques secondes à peine, les astronautes sont violemment libérés de l'hypergravité. Mais ils vont aussitôt faire l'expérience d'un phénomène très différent et radicalement opposé, la micropesanteur.

06

PREMIERS PAS DANS L'IMPESANTEUR

Le jour où on a fait notre premier vol parabolique,
on était comme des gamins. Tout le monde riait.
On n'avait jamais vécu une telle sensation de liberté.
Mai 2010, aéroport de Bordeaux-Mérignac.

Entouré de ses compagnons d'étude Tim, Samantha, Andreas, Alexander et Luca, Thomas s'apprête à monter dans un Airbus A300. À l'intérieur, un habitacle spécialement aménagé pour l'entraînement des astronautes et pour des expérimentations scientifiques. Aux côtés des multiples machines fixées au plancher, quelques filets assurent la protection des passagers, et des crochets permettent aux futurs astronautes de s'arrimer solidement au sol de la cabine.

Un an après leur recrutement par l'Agence spatiale européenne, ils vont vivre leur première expérience en impesanteur, cette condition très particulière que connaissent tous les voyageurs de l'espace et qui sera continue durant leur séjour dans la Station.

Une chute libre constante

Tout projectile lancé depuis la Terre à une vitesse de 28 000 km/h et placé sur son orbite subit, nous l'avons vu, un phénomène de chute libre. Du plus petit satellite à une gigantesque station spatiale, la règle physique est la même : l'ISS n'est donc rien d'autre qu'un objet se déplaçant à une vitesse constante sans être entravé par le moindre obstacle.

Une fois dans la Station, les astronautes sont eux aussi soumis à ce phénomène. Durant tout leur séjour ils sont en chute libre permanente et s'affranchissent ainsi des effets de la pesanteur terrestre : on parle alors de micropesanteur ou d'impesanteur.

Sensations spatiales

L'état d'impesanteur peut se définir comme l'absence de sensation de son propre poids. Le corps se met à flotter dans le vide sans contracter le moindre muscle, et cela consciemment. Les bras, les jambes, le corps tout entier n'ont plus la nécessité d'être portés. L'astronaute perd le besoin de s'asseoir ou de s'allonger. Il peut ainsi s'endormir à sa guise, dans n'importe quelle position, dès que son organisme le réclame, mais il ne sera jamais réveillé par le mouvement de sa tête qui tombe en avant ou par une jambe qui se crispe.

La micropesanteur a cependant des effets indésirables : tous les organes sont impactés et les répercussions de l'impesanteur se font immédiatement sentir.

Les viscères remontent dans l'abdomen, provoquant une nausée plus ou moins intense – en moyenne, un astronaute sur quatre vomit au cours des premières heures qu'il passe en micropesanteur ! Bien d'autres conséquences désagréables apparaissent rapidement, comme l'altération des systèmes digestif et urinaire. L'oreille interne perd entièrement son calibrage, ce qui empêche l'astronaute d'avoir une référence de verticalité du corps et entraîne une complète désorientation. Heureusement, ces effets secondaires ne sont pas irrémédiables : graduellement, parfois au bout de deux ou trois jours, les astronautes s'accoutument à leur nouvel état et réussissent à vivre un quotidien quasi normal dans l'espace.

Mais comme il est impensable de les laisser partir sans qu'ils soient préparés à chacun de ces contrecoups, les agences spatiales ont dû trouver le moyen de recréer la micropesanteur sur Terre et de leur permettre d'appréhender ce qui les attend là-haut. La solution mise au point par les agences spatiales depuis un demi-siècle est celle du vol parabolique.

Un avant-goût de 22 secondes

Les agences américaine et russe ont mis en place les vols paraboliques dans les années 1950 et 1960. Ils sont expérimentés dès 1959 par les Américains pour le programme Mercury. Ce programme, qui a abouti à la première mise en orbite d'un Américain, John Glenn en 1962, a utilisé un avion à hélices nommé le Convair C-131 pour effectuer des paraboles. En 1960, les Russes se lancent à leur tour avec le Tupolev Tu-104, un avion de ligne à réaction aménagé à cet effet.

Quel est le principe de ce type de vol ? La trajectoire décrite par l'avion doit reproduire celle d'un objet lancé dans le vide : à partir de son vol en palier horizontal, il prend un élan ascensionnel qui le place sur une trajectoire balistique de montée puis de descente avant de revenir à l'horizontale, prêt à recommencer pour la parabole suivante. L'état de micropesanteur est obtenu lors de la phase balistique qui dure 22 secondes : 11 secondes en montée et 11 secondes en descente. Un court cycle durant lequel objets et êtres vivants flottent dans la cabine de l'appareil comme ils le font dans la Station spatiale et, plus généralement, en orbite terrestre.

Novespace

En 1989, sous l'impulsion de l'astronaute Jean-François Clervoy, le CNES confie au ministère de la Défense la gestion des opérations d'un avion de type « Caravelle » qui sera utilisé pour des vols paraboliques. En 1996, le célèbre constructeur aéronautique Airbus remet à la société Novespace, filiale du CNES, un Airbus A300 en fin de carrière qui offre un plus grand volume. Précédemment effectués en région parisienne, depuis la base d'essais de Brétigny-sur-Orge, les vols sont alors réalisés à l'aéroport de Mérignac, en banlieue de

Bordeaux. En 2014, Novespace fait l'acquisition d'un nouvel avion, un Airbus A310.

Recruté comme astronaute par le CNES en 1985, Jean-François Clervoy a dirigé le programme de vols paraboliques avant de le confier à Novespace lorsqu'il partit rejoindre le 14e groupe d'astronautes NASA pour effectuer 3 missions spatiales à bord de la navette américaine entre 1994 et 1999. Aujourd'hui ingénieur général de l'armement et toujours membre du corps des astronautes de l'ESA, il préside Novespace, société qui organise et met en place tous les vols paraboliques, aussi bien pour les scientifiques, le public ou des clients divers tels que des studios de cinéma.

Les vols scientifiques sont organisés par campagne de trois, avec 31 paraboles chacun. Les conditions météo sont strictes : le temps doit être clair et sans turbulence. Chacune de ces campagnes à deux objectifs : pratiquer des expériences scientifiques en tout genre dans des conditions impossibles en pesanteur normale, et familiariser les futurs astronautes à l'impesanteur qu'ils vivront dans la Station spatiale.

Expérimenter en micropesanteur

L'habitacle de l'A310 de Novespace est fréquemment utilisé par les astronautes, mais les places sont majoritairement occupées par des visiteurs extérieurs, essentiellement des scientifiques : physiciens, biologistes, chimistes ou ingénieurs européens viennent vérifier leurs théories en impesanteur. La plupart de ces recherches ne nécessitent que quelques secondes, et la durée limitée des paraboles est donc largement suffisante. En moyenne, un vol permet de mettre en œuvre une quinzaine d'expériences.

Un des tests menés par le CNRS consiste à faire voler en impesanteur des particules représentatives des poussières de gaz interstellaires. L'exercice consiste à les éclairer d'un laser et à analyser le spectre lumineux diffracté obtenu. Jean-Baptiste Renard, directeur de recherche au CNRS, constitue ainsi progressivement un large catalogue que les astronomes peuvent consulter pour identifier les particules qu'ils observent dans leur télescope et qui se trouvent pourtant à plusieurs années-lumière !

Un autre essai pratiqué grâce aux vols paraboliques concerne la physiologie humaine. Le sujet se tient debout face à deux cibles et doit désigner du doigt celle qui s'allume. Dès qu'il est en impesanteur, il est contraint de réajuster son mouvement et le scientifique observe alors la vitesse et la précision d'exécution de cette tâche. Les résultats obtenus permettent d'analyser les réactions de l'oreille interne, de la vue et de l'appareil psychomoteur de l'homme en micropesanteur.

Il existe trois autres possibilités pour produire de l'impesanteur. Dans l'espace, on peut utiliser des fusées sondes, qui produisent 8 à 12 minutes d'apesanteur atteignant jusqu'à 800 km d'altitude avant de retomber au sol, ou les petites capsules russes Photon, qui peuvent rester deux à trois semaines dans l'espace. Sur Terre ont été développées des tours dites « à chute libre » : ces constructions, soit enfouies, soit hors sol, sont constituées d'un cylindre vidé de son air afin de produire un vide parfait. En lâchant l'expérience du haut de la tour, on obtient une situation de micro-gravité de 4 à 7 secondes selon les hauteurs de la chute. À Brême, en Allemagne, le centre de technologie spatiale appliquée de l'université est pourvu d'une tour de ce type mesurant 146 m de haut.

Ces différentes méthodes ne permettent cependant de procéder qu'à des expériences miniaturisées et automatisées. Parallèlement à l'ISS, Novespace fournit donc aujourd'hui le seul laboratoire habité où les scientifiques du monde entier peuvent venir en personne réaliser et observer leurs expériences.

Préparer les astronautes à l'impesanteur

Je sais maintenant qu'en impesanteur
je devrai me reposer avant tout sur ma vue,
et éviter de faire des mouvements brusques.

Si les vols paraboliques sont incontournables dans la formation des astronautes, c'est pour leur permettre de vivre l'impesanteur qu'ils connaîtront au cours des mois passés dans la Station spatiale internationale, en les préparant, sur Terre, à certaines manœuvres qu'ils auront à faire là-haut. Apprendre à dompter l'état de micropesanteur, c'est éviter une désorientation trop marquée qui pourrait provoquer dans l'espace une perte de contrôle de leurs propres mouvements et nuirait à leur performance.

Avant chaque vol à bord de l'A310 de Novespace, ils effectuent ainsi chacune de leurs manipulations scientifiques en état de pesanteur normale. Ils ont ensuite deux heures de leçons théoriques sur les principes du vol parabolique, sur la façon dont ils communiqueront avec les instructeurs en cabine et sur les moyens de prévenir une éventuelle nausée. En vol, ils sont encadrés par le personnel de leur agence spatiale, conseillés par les instructeurs de Novespace et surveillés par le personnel navigant qui les rappelle à l'ordre s'ils enfreignent les règles de sécurité. Ils enchaînent les manœuvres avec des gants inconfortables, ou expérimentent l'utilisation d'instruments adaptés à la Station spatiale, comme des commandes de pilotage spécialement conçues pour l'ISS.

Alors que l'avion effectue sa première parabole, Thomas et ses collègues sourient à l'idée de connaître enfin cette exceptionnelle sensation de liberté. Mais ils ont pleinement conscience de l'enjeu crucial de cet exercice : apprendre à travailler dans un état singulier où il n'y a ni plafond ni sol, ni gauche ni droite…

À la fin de leur formation, ils auront cumulé environ 30 minutes en impesanteur et seront prêts à s'y confronter plusieurs mois d'affilée dans la Station spatiale.

07

UN SANG-FROID À TOUTE ÉPREUVE

Quand on est dans un vaisseau spatial, trois dangers mortels nous guettent : la dépressurisation, la fuite toxique et l'incendie. Le plus redouté des trois est le feu.

Février 2016, Cité des Étoiles.

Installé aux côtés de Peggy Whitson et Oleg Novitski, Thomas Pesquet manipule des instruments dans la réplique d'un module de la Station spatiale internationale. Soudain une alarme résonne dans la cabine : un feu s'est déclenché. Thomas, Oleg et Peggy réagissent calmement ; ils se connaissent bien, ils savent ce qu'ils ont à faire, il y a près de deux ans qu'ils forment une équipe.

Un trio soudé

Depuis mars 2014, ayant assimilé les enseignements de ses diverses formations, Thomas a passé avec succès tous les examens théoriques et pratiques requis pour être jugé apte à voler. En février 2015 est annoncé officiellement l'équipage de la mission à laquelle il sera affecté. Un choix qui revient aux agences. Le jeune Français est associé à deux astronautes chevronnés, l'Américaine Peggy Whitson et le Russe Oleg Novitski. Leur vol est planifié de novembre 2016 à mai 2017.

Les équipiers de Thomas

J'ai beaucoup de chance de travailler avec Peggy et Oleg, qui sont tous deux très expérimentés. Une mission avec eux va énormément m'apprendre. J'ai tous les atouts en main pour devenir le meilleur des astronautes.

Née le 9 février 1960 à Mount Ayr (Iowa), Peggy Whitson se lance dans sa troisième aventure dans l'espace. Titulaire d'un doctorat en biochimie de l'université Rice de Houston (Texas), elle intègre la NASA en 1986 en tant que scientifique et effectue des recherches sur les cellules osseuses en impesanteur, avant de devenir l'une des meilleures spécialistes mondiales de la médecine et de la biologie spatiales. De 1992 à 1995, elle est responsable du volet scientifique du programme Shuttle-Mir avant d'être sélectionnée comme astronaute en 1996. Elle effectue sa première mission, du 5 juin au 7 décembre 2002, comme membre d'équipage de l'Expédition 5 de l'ISS puis, lors de l'Expédition 16, du 10 octobre au 19 avril 2008, elle est la première femme à tenir le rôle de commandant de la Station. Elle cumule à son retour 376 jours dans l'espace. Responsable du corps des astronautes américains de 2009 à 2012, elle décide ensuite de réintégrer le service actif. Dans le Soyouz qui l'emmènera pour la troisième fois dans l'ISS, elle occupera le siège de spécialiste de mission ; dans la Station, elle aura de nouveau le titre de commandant lors de l'Expédition 51 (avril 2017).

Né le 12 octobre 1971 à Tcherven, en Biélorussie, Oleg Novitski est diplômé en 1994 de l'école militaire de Katcha, où il obtient son certificat d'ingénieur-pilote. De septembre à décembre 1995, il est instructeur pour l'aviation militaire et ce jusqu'en juin 2004. En 2006, il est sélectionné dans le corps des cosmonautes et effectue sa première mission comme ingénieur de vol dans l'ISS lors des Expéditions 33 et 34, du 23 octobre 2012 au 16 mars 2013, cumulant 143 jours dans l'espace. Il sera le commandant de bord du Soyouz et, une fois dans la Station, l'ingénieur de vol.

Thomas, Peggy et Oleg s'entraînent activement en suivant le déroulé de leur mission. Après avoir répété comment gérer une situation d'urgence dans le Soyouz, ils anticipent à présent une crise dans la Station elle-même.

La dépressurisation

Premier risque à maîtriser, la dépressurisation. Déjà existant lors du voyage à bord du Soyouz, il demeure plausible une fois dans la Station.

De quel danger parle-t-on exactement ? Si les parois de la Station révélaient soudain une faille, l'intérieur de l'habitacle se viderait de son air, qui se disperserait aussitôt dans le vide spatial, et les passagers mourraient asphyxiés. Ce péril a des allures de drame de science-fiction, mais il est bien réel : dans l'espace, à 28 000 km/h, le moindre corps céleste, aussi minuscule soit-il, peut transpercer la coque de la Station. Au sol, les équipes contrôlent en permanence les projectiles naturels qui pourraient constituer un danger. En cas d'alerte, une manœuvre de la Station s'impose aux astronautes pour les éviter, avant de rétablir la trajectoire. Malgré ces précautions, la probabilité qu'un accident survienne reste élevée.

Le 25 juin 1997, la station russe Mir, ancêtre de l'ISS, est percutée par un cargo de ravitaillement. L'accident perfore la carapace de la station et provoque la dépressurisation progressive de l'un des modules de Mir, le laboratoire scientifique Spektr. Les trois passagers – les Russes Vassili Tsibliev et Alexandre Lazoutkine, et l'Américain Michael Foale – réagissent comme il se doit. Alors que Foale, sur ordre de Tsibliev, se réfugie au plus vite dans le vaisseau Soyouz accolé à Mir pour le préparer à un possible départ, les Russes s'activent à isoler Spektr de la station. La dépressurisation de Mir et donc une fin tragique sont évitées.

La fuite toxique

Le deuxième danger mortel auquel peuvent être confrontés les astronautes est une fuite toxique liée au circuit de refroidissement.

L'énergie nécessaire au fonctionnement de la Station provient des panneaux solaires qui la couvrent sur 2 500 m^2 et fournissent en continu 110 kW d'électricité. Cette production d'électricité génère une chaleur intense qui doit être régulièrement évacuée. Les équipements sont enveloppés de canalisations contenant de l'eau. Un échangeur permet à cette eau de déplacer la chaleur vers un circuit extérieur à la Station, composé d'ammoniac, qui la véhicule ensuite vers des radiateurs avant de l'expulser dans le vide spatial.

Si un tuyau de ce système de refroidissement se perce, cela peut avoir deux conséquences conjointes et potentiellement mortelles : soit l'ammoniac se répand sous forme de gaz dans l'habitacle, et l'air respiré devient toxique, soit il se répand sous forme liquide à l'intérieur ou à l'extérieur de la Station, et tout le circuit est compromis. La température grimperait alors dangereusement.

Des incidents de ce type ont eu lieu presque chaque année entre 2012 et 2017, en raison du vieillissement des appareils de la Station. Dans chacun des cas, la situation a été gérée avec sang-froid par les équipes et les écoulements, affectant principalement le système extérieur de la Station, ont pu être réparés au cours de sorties extravéhiculaires.

Le feu dans la Station

Dans ces scénarios, la réplique du module est fermée hermétiquement et on doit se contenter de l'oxygène provenant des masques.

Dans la Station spatiale, tous les équipements sont ignifugés et les installations électriques protégées par plusieurs étages de fusibles. Malgré ces précautions, le déclenchement d'un feu reste à envisager, même si un seul incendie est à déplorer dans l'histoire des stations spatiales : le 23 février 1997, la fuite d'une bouteille d'oxygène déclenche des flammes au cœur de la station Mir. Le sinistre est maîtrisé en 90 secondes et les astronautes s'en sortent indemnes.

Le protocole d'urgence est rodé avec précision durant l'exercice qu'effectue le groupe de Thomas. Il faut commencer par couper l'alimentation électrique, notamment les systèmes de ventilation, pour éviter la propagation du feu. Les astronautes enfilent des masques à oxygène dont ils connaissent parfaitement l'emplacement, car la première chose imposée à un passager de l'ISS en arrivant est le repérage des équipements de secours. Ils décrochent alors les extincteurs pour éteindre manuellement les flammes. L'opération est cependant délicate : en état de micropesanteur, les extincteurs peuvent se transformer en torpilles. Avant de les activer, nos pompiers de l'espace doivent s'accrocher à la paroi de la Station la plus proche du feu pour assurer leur stabilité.

Répéter les mêmes gestes, suivre les bonnes étapes et choisir les bons outils, cela ne suffit pas. Pour gérer au mieux ces différents périls, il faut un sang-froid parfait que les astronautes n'acquièrent que progressivement, au cours de leurs longues années d'entraînement.

Aujourd'hui a été mis en scène le pire des scénarios. Malgré le calme de Thomas et de ses acolytes, malgré la parfaite coordination de leurs actions, ils ne réussissent pas à éteindre le feu, qui se propage dans toute la Station. Il n'y a pas d'alternative : il faut quitter les lieux.

Thomas, Peggy et Oleg pénètrent dans l'un des deux vaisseaux amarrés à la Station, referment le sas et décrochent le Soyouz pour retourner immédiatement sur Terre. Il s'agit d'un retour d'urgence, et pour aggraver la situation leurs instructeurs ont planifié une panne du système automatique qui leur impose une rentrée manuelle... Mais leur entraînement intensif n'a pas été inutile, et ils contrôlent parfaitement la situation. L'exercice se termine par un atterrissage en règle et tous sont sains et saufs.

Avoir des nerfs d'acier

De nombreux entraînements ont pour objectif de permettre à l'équipage de garder son calme en cas de danger et d'agir en osmose pour gérer la situation. Le meilleur exemple de ce type d'exercice est le confinement sous-marin organisé par la NASA sous le nom de NEEMO (NASA Extreme Environment Mission Operations). NEEMO s'est donné pour mission d'observer le comportement d'astronautes réunis dans un laboratoire baptisé Aquarius, installé par 20 m de fond au large de l'île de Key Largo, en Floride.

Menée depuis 2001, cette expérience se déroule dans un cylindre de 3,9 m de diamètre et 13,5 m de long, dont l'air est entièrement pressurisé. Son habitacle abrite six lits superposés, une cuisine, une salle de bains, une station scientifique et un sas humide qui permet aux aquanautes de plonger hors et dans le submersible. Le laboratoire est équipé d'ordinateurs, de téléphones, de radios, d'une connexion internet et de matériel de vidéoconférence.

Thomas a participé à deux reprises au programme NEEMO.

La première fois, du 9 au 13 septembre 2013 (NEEMO 17), il était accompagné des Américains Joseph M. Caba et Kate Rubins, de son camarade de promotion danois Andreas Mogensen et du Japonais Soichi Noguchi. Pour NEEMO 18, effectué du 21 au 29 juillet 2014, il était associé aux Américains Jeanette J. Epps et Mark T. Vande Hei, et au Japonais Akihiko Hoshide.

Dans les deux cas, Thomas et ses collègues astronautes, dès lors surnommés les « aquanautes », ont vécu une semaine durant dans un environnement sous-marin simulant la position d'un vaisseau spatial sur une planète lointaine.

Placés en situation réelle, ils sont en attente des tâches à accomplir au sein du laboratoire ou en dehors. Pour respecter la distance d'un astre lointain, les ordres qu'ils reçoivent arrivent avec 50 secondes de retard. Le contenu de leurs missions est équivalent à celui d'une exploration spatiale. Ils doivent réaliser des sorties sous-marines comparables aux sorties extra-véhiculaires sur des planètes ou des corps célestes au sol accidenté. Ils prélèvent des échantillons biologiques et géologiques sur les fonds marins, à l'image de ce qu'ont fait les astronautes américains sur la Lune. Ils rassemblent un matériel très divers autour de cette station spatiale fictive, où l'environnement sous-marin simule l'impesanteur.

Des médecins observent jour après jour leurs réactions psychologiques et leur état physiologique dans ces conditions extrêmes : ils analysent leur sommeil, leur nutrition (ils avalent les mêmes repas que dans l'ISS) et le comportement de leur système immunitaire. Les « cobayes » sont soumis à un stress mêlant danger, isolement, cohésion du groupe, instinct de survie et impératifs d'une mission scientifique.

Dans les fumées d'incendie d'une réplique de la Station spatiale à la Cité des Étoiles ou plongés dans le laboratoire sous-marin Aquarius, les astronautes sont confrontés à toutes les difficultés humaines et pratiques qu'ils risquent de rencontrer là-haut.

08

PRÉPARER LES EXPÉRIENCES

On part dans l'espace pour faire des expériences scientifiques utiles à l'avenir de l'humanité. Et aussi pour préparer l'exploration future du cosmos, notamment le voyage sur Mars.

Mai 2016, Centre européen des astronautes, Cologne.

Thomas s'affaire autour d'une machine ressemblant à un fauteuil de dentiste équipé de capteurs. Il monte et démonte ses composantes, en teste certaines parties, et finit par s'asseoir dessus. Il est en train de se préparer à une expérience qu'il devra mener à l'intérieur de l'ISS. Depuis près de cinquante ans, la vocation du voyage spatial demeure avant tout scientifique.

De la conquête spatiale à la recherche scientifique

En 1969, les astronautes américains posent le pied sur la Lune, freinant la « course » spatiale qui s'est engagée entre l'URSS et les États-Unis. Les programmes spatiaux habités des deux géants de la Guerre froide sont réorientés : désormais, l'espace devient un laboratoire de recherches scientifiques.

Les Russes lancent ainsi dès 1969 le programme de la station Saliout, dont les versions 1 à 7 sont mises en orbite entre 1971 et 1982. La célèbre station Mir est lancée en 1986 et elle restera en activité jusqu'en 2001. De son côté, la NASA développe sa propre station, Skylab, mise en orbite de 1973 à 1979, avant de se concentrer ensuite, jusqu'en 2011, sur le programme de la navette spatiale. À partir de 1998, États-Unis et Russie unissent leurs efforts pour concevoir une station commune, l'actuelle Station spatiale internationale, l'ISS, dont le programme arrivera théoriquement à échéance en 2024.

Ces laboratoires en orbite, à l'origine aussi utilisés par les militaires, tournent toutes vers un même objectif : la recherche en micropesanteur dans des domaines aussi variés que la chimie, la physique, la science des matériaux, la biologie, la génétique ou encore la médecine.

Un laboratoire high-tech en impesanteur

Le paramètre fondamental de la micropesanteur fait de l'ISS un laboratoire convoité par les scientifiques du monde entier, car cet environnement ne peut être reproduit sur Terre. Il y a bien les fameux vols paraboliques, qui permettent de simuler la micropesanteur, mais la durée d'une expérience ne peut y excéder 22 secondes.

Six astronautes vivent en permanence dans ce laboratoire et se relaient par groupes de trois, avec parfois quelques variantes, certains étant contraints de séjourner plus longtemps dans la Station pour terminer leurs travaux. Principalement opérateurs, les passagers de l'ISS peuvent aussi servir de cobayes en participant à des tests en physiologie, ingénierie, médecine, physique, chimie ou biologie.

Offrant un environnement unique, ce laboratoire fait rêver tout chercheur sur Terre, espérant pouvoir proposer une expérience dans l'espace. Chacun y va de sa proposition, mais les sollicitations sont trop nombreuses pour que toutes puissent être retenues. Si la sélection des astronautes est draconienne, les demandes des scientifiques font elles aussi l'objet d'un tri sévère, où de nombreux paramètres sont pris en considération.

Une sélection drastique

Comment ça s'enlève ?
Comment ça se monte et se démonte ?
Est-ce que la sécurité est assurée pour tout le monde ?
Est-ce que c'est suffisamment léger ?
Est-ce que c'est faisable là-haut ?

Tous les quatre ans, l'Agence spatiale européenne et les autres agences participant au programme de l'ISS lancent un appel d'offres au monde scientifique.

Après chaque appel, quantité de dossiers arrivent d'un peu partout dans le monde. Ils sont issus du privé ou du public, et quel que soit leur domaine de compétences, les scientifiques proposent des expériences qui ne peuvent être mises en pratique qu'en micropesanteur.

Le premier critère de sélection est scientifique : on jauge la nécessité de l'exercice proposé et l'importance de son enjeu. On évalue d'abord l'utilité des résultats obtenus à une application sur Terre à grande échelle. On détermine ensuite son intérêt pour l'exploration spatiale future, notamment pour un vol habité sur Mars. Priorité est ainsi donnée aux recherches ayant trait à la physiologie humaine, aux plantes, aux cellules et à l'astrobiologie. Si l'expérience proposée ne remplit pas ces deux premières conditions, elle est aussitôt exclue.

Une fois cette phase franchie, les ingénieurs qui font partie du jury mesurent l'aspect opérationnel du dossier, c'est-à-dire sa faisabilité dans ce milieu unique que constitue la Station spatiale. Le projet peut-il être embarqué dans la Station ? Le matériel nécessaire à sa mise en œuvre n'est-il pas trop lourd ? Ne sera-t-il pas trop encombrant une fois là-haut ? Ne consommera-t-il pas trop d'énergie au vu des ressources de la Station ? Les astronautes, qui ne sont pas toujours des spécialistes, seront-ils capables de le manipuler ?

Si la réponse à toutes ces questions est positive, il reste à évaluer son coût, les ressources financières des agences spatiales n'étant pas inépuisables. L'aide de l'agence du pays concerné est indispensable et doit être approuvée. Si le scientifique travaille dans un laboratoire privé, il est envisageable que le financement passe par la société, sur lettre de recommandation de l'agence spatiale concernée. Aujourd'hui, les agences pensent à une ouverture au domaine industriel privé et les discussions en cours entraîneraient une collaboration visant des expérimentations parfois sans lien avec la science.

Du dépôt du dossier à l'exécution de l'expérience dans la Station, le processus de sélection peut prendre environ une année, comme pour des missions de courte durée liées à la physique, et aller jusqu'à sept ans pour des tests en matière de physiologie humaine.

À l'ESA, le budget consacré aux vols habités était, en 2016, de 550 millions d'euros. Au total, 62 expériences européennes ont été retenues et financées pour la mission de Thomas, mission qu'il a lui-même nommée Proxima. Ce nom choisi désigne l'étoile la plus proche de notre système solaire, dans la tradition des vols habités français qui prennent le nom d'une étoile ou d'une constellation. Parmi ces expériences, 7 proviennent du Centre national d'Études spatiales français (CNES), basé à Toulouse. Les principaux financements de la Station spatiale, de sa construction et de son fonctionnement, se répartissent donc entre les Américains et les Russes. L'ESA n'en est propriétaire qu'à 8 % environ, et son droit d'utilisation de la Station, mesuré en temps passé sur place par ses astronautes, ne peut dépasser cette proportion.

CENTRE NATIONAL D'ÉTUDES SPATIALES

★

Date de création : **19 décembre 1961**
Budget : **2,334 milliards d'euros** (2017), soit 35 euros par an et par personne
Membres du personnel : **2 400 agents**
Centres d'activités : Paris, Toulouse et Kourou (Guyane)
Missions : développement des lanceurs Ariane, sciences, observation, télécommunication et défense spatiales…

CENTRE D'AIDE AU DÉVELOPPEMENT DES ACTIVITÉS EN MICROPESANTEUR ET DES OPÉRATIONS SPATIALES

★

Date de création : **1993**
Centre d'activités : Toulouse (CNES)
Missions : conception et suivi des expériences spatiales scientifiques et techniques dans le cadre des vols habités

Au programme scientifique européen déjà chargé dont Thomas devra s'acquitter avec ses collègues lors de son voyage, viendront s'ajouter une cinquantaine d'expériences pilotées par les agences américaines, canadiennes et japonaises.

Sarcolab : une expérience scientifique européenne

La chaise de Mares me rappelle étrangement celle du dentiste, les chocs électriques dans la jambe en plus…

Un an avant le décollage, Thomas doit à présent se concentrer sur la mission scientifique qui lui a été attribuée. Il doit répéter inlassablement le protocole de toutes les expériences qu'il devra réaliser dans le laboratoire de l'espace.

Thomas s'entraîne alternativement au Centre des astronautes européens de Cologne, au Cadmos et au CNES pour se préparer aux 62 expériences européennes, dont 90 % portent sur la physiologie humaine. Thomas sert principalement de cobaye pour des tests médicaux : on lui fait des prises de sang, des prélèvements capillaires, voire des biopsies afin de suivre les paramètres de ses composantes biologiques avant, pendant et après son voyage dans l'espace. Pour certaines d'entre elles, il joue un double rôle : on lui demande de suivre un protocole scientifique tout en manipulant une machine sur lui-même. C'est le cas de la machine

MARES (Muscle Atrophy Research and Exercice System), conçue par l'équipe du Cadmos, à laquelle Thomas vient d'être initié.

Mares a pour objectif l'observation de l'évolution musculaire de l'homme en impesanteur. Au cours d'un vol de plusieurs mois, les astronautes perdent en masse musculaire et osseuse car ils ne portent plus leur corps. Les scientifiques s'intéressent de près à cette atrophie musculaire et à cette perte de densité osseuse. Ils espèrent qu'une meilleure compréhension de ces phénomènes leur permettra de trouver des solutions cliniques pour aider sur Terre des patients ayant des problèmes similaires (en raison d'une longue immobilisation) ou atteints d'ostéoporose. Autre objectif majeur de ces recherches : trouver comment contourner ces effets secondaires préjudiciables dans la perspective de très longs voyages spatiaux, en particulier pour le voyage prévu sur Mars. Par le biais d'IRM, d'échographies et d'électromyogrammes, Mares mesure la force exercée par l'astronaute sur toutes les articulations de son corps.

La machine fut installée en 2015 dans la Station spatiale par Samantha Cristoforetti qui, comme de nombreux camarades de promotion de Thomas, y a précédemment séjourné. Massif et très encombrant, cet appareil doit être replié et stocké quand il n'est pas utilisé. Thomas sait qu'une fois là-haut, il mettra un temps considérable à le déployer avant de pouvoir s'en servir. Quand la machine est installée, Thomas place une électrode sur son mollet droit et sa cheville est bloquée par le système. Il pratique alors tous les mouvements physiques requis, et les caractéristiques contractiles de ses muscles sont enregistrées au travers d'images échographiques et électromyographiques.

Comme pour chaque expérience de la mission Proxima, Thomas répète inlassablement le protocole de déploiement et d'utilisation de l'engin afin d'être fin prêt à le faire dans le cosmos.

La promotion 2009 dans l'ISS avant Thomas

★

Luca Parmitano (Italie) :
28 mai 2013 – 11 novembre 2013

Alexander Gerst (Allemagne) :
28 mai 2014 – 10 novembre 2014

Samantha Cristoforetti (Italie) :
23 novembre 2014 – 11 juin 2015

Andreas Mogensen (Danemark) :
2 septembre 2015 – 12 septembre 2015

Timothy Peake (Royaume-Uni) :
15 décembre 2015 – 18 juin 2016

09

SORTIR DANS LE VIDE SPATIAL

Le rêve, c'est d'aller dans l'espace. Et à l'intérieur du rêve il y a un autre rêve, celui de sortir dans le vide spatial et de pouvoir regarder la Terre directement derrière la visière de son casque. Mais pour y arriver, il faut d'abord réussir l'épreuve de la piscine.

Septembre 2016, Houston au Texas.

Au Johnson Space Center (JSC), principal lieu d'entraînement des astronautes américains, Thomas Pesquet est en train d'enfiler une combinaison spatiale particulièrement encombrante. Incapable d'y parvenir seul, il est aidé par plusieurs techniciens, comme cela sera le cas dans la Station : sur Terre ou dans l'espace, un astronaute doit se faire assister pour revêtir ce symbole technologique du rêve spatial.

Sa formation se termine avec le moment le plus spectaculaire et le plus emblématique de ce métier : la sortie dans l'espace.

Au cœur de la légende spatiale

Le Johnson Space Center, fondé en 1961, est le principal centre de conception et d'entraînement pour tous les vols habités de la NASA. Tous les héros de l'exploration spatiale – d'abord américains, puis venus du monde entier – y sont passés. Neil Armstrong, John Glenn, Alan Shepard et Buzz Aldrin ont foulé ce sol : Thomas marche sur les pas d'illustres pionniers qui ont vécu des aventures exceptionnelles.

Le complexe de Houston abrite les salles de contrôle des vols habités qui ont mené à bien les expéditions sur la Lune, les grandes missions de la navette spatiale et gèrent les importantes activités du secteur américain de la Station spatiale internationale.

Le Johnson Space Center

★

Date de création : **1er novembre 1961**
Superficie : **6,879 km^2**
Membres du personnel : **15 000 civils**
Nombre d'astronautes formés à ce jour : **300**

Le Graal de l'espace

Au cours de leur mission, les astronautes peuvent être amenés à sortir de leur vaisseau pour assurer différentes tâches techniques, qu'il s'agisse d'assemblage, de collecte d'échantillons, de maintenance ou de réparation.

La première sortie extravéhiculaire, ou EVA (Extravehicular Activity), de l'histoire spatiale a failli se terminer en drame. Le 18 mars 1965, une fois le vaisseau Voskhod 2 mis en orbite, Alexeï Leonov sort de l'habitacle par un sas gonflable et plonge dans le vide : ce moment est immortalisé par une caméra fixée à l'extérieur du passage et dont Leonov a lui-même ôté le cache. Relié au vaisseau par un filin de 5,35 m, il reste une dizaine de minutes dans le vide spatial, émerveillé par le spectacle qu'il découvre et frappé par le silence qui l'environne. Mais lorsqu'il rebrousse chemin pour retourner dans le Voskhod, il se rend compte que sa combinaison s'est anormalement rigidifiée sous l'effet d'une pression trop forte à l'intérieur du scaphandre, ce qui paralyse ses mouvements. Leonov est contraint de mettre sa vie en péril pour reprendre le contrôle de ses mouvements et ouvre manuellement une valve de sa combinaison pour faire retomber la pression. L'opération n'est pas sans danger, car s'il ne réussit pas à la refermer, ce geste risque de dépressuriser complètement la combinaison et entraîner sa mort. Le cosmonaute parvient à ses fins, mais pénètre très difficilement dans le sas du vaisseau. Son pouls a atteint 143 battements par minute et il a perdu près de 6 litres d'eau.

La sortie extravéhiculaire est indéniablement l'expérience la plus intense qu'il soit donné à un astronaute de vivre, mais c'est aussi la plus dangereuse. Comment s'exercer sur Terre dans un environnement proche de la micropesanteur pour se préparer efficacement à cette épreuve ?

En 1966, Buzz Aldrin a une idée de génie. D'après lui, les conditions d'une plongée sous-marine peuvent reproduire au plus près celles d'une sortie dans l'espace. Mis en état de flottabilité neutre, le plongeur en scaphandre voit son poids contrarier la poussée d'Archimède qui tendrait à le faire remonter à la surface. Ce faisant, la masse globale constituée par l'astronaute et son scaphandre égale le poids du fluide déplacé et il se maintient alors à une profondeur constante, sans remonter à la surface ni couler. Expérimentée par la NASA, cette solution pionnière très efficace est rapidement imitée par les Russes. Aujourd'hui encore, tous y ont recours.

Le scaphandre : un vaisseau à part entière

La combinaison américaine actuelle pour les EVA, baptisée EMU (Extravehicular Mobility Unit), a été mise au point en 1982 pour les premiers vols de la navette. Les sociétés ILC Dover et Hamilton Standard se sont partagé sa fabrication. Elle est composée d'un scaphandre modulaire pesant 127 kg, qui peut s'adapter à des personnes mesurant entre 1,50 m et 2 m, et les tailles disponibles vont de XS à XL. Seuls les gants sont fabriqués sur mesure. Elle s'enfile en 30 minutes avec l'aide de trois techniciens. Ses fonctions sont multiples : elle doit résister à la pressurisation interne et au vide extérieur, offrir une excellente isolation à la chaleur et au froid (de - 100 °C à + 100 °C), protéger du rayonnement solaire, des UV et des rayons cosmiques. Tout en étant hermétique, elle doit permettre l'évacuation des gaz et supporter les flux d'oxygène, de dioxyde de carbone et d'eau, sans avoir de fuites. Elle est pourvue d'une alimentation électrique et de moyens de télécommunication intégrés. Après de multiples améliorations, ce bijou de technologie offre aujourd'hui une autonomie d'oxygène de 9 heures et sa durée de vie moyenne est de deux ans. Ses concepteurs et ses utilisateurs la considèrent comme un véritable vaisseau spatial individuel.

Les Russes ont développé quant à eux une combinaison équivalente, nommée Orlan. Inaugurée en 1977 pour la sortie de l'équipage de la station Saliout 6, elle fut élaborée par l'entreprise Zvezda. Elle a été constamment améliorée jusqu'à être équipée d'un ordinateur qui alerte le cosmonaute en cas de dysfonctionnement. Elle pèse 112 kg et peut être revêtue par des astronautes mesurant de 1,65 m à 1,90 m. Répondant aux mêmes exigences que l'EMU, elle intègre des équipements de télémétrie, de communication et de refroidissement placés dans un sac à dos fixé à l'arrière. Sa conception la rend toutefois plus simple d'utilisation que l'EMU : on l'enfile d'une seule pièce par une ouverture située à l'arrière, sous le paquetage du cosmonaute, en à peine 5 minutes et sans aucune aide. Son autonomie en oxygène n'est que de 7 heures, mais sa durée de vie, sans maintenance, de 5 ans.

L'astuce européenne

Quand on arrive à la NASA pour l'entraînement en piscine, on a un coup d'avance sur nos collègues américains.

Du côté des Européens, un projet de développement de scaphandre extravéhiculaire a été développé par l'ESA dans les années 1980 et 1990, allant jusqu'à la mise au point d'un prototype (l'ESA Space Suit 2000), mais les budgets n'ont pas permis d'en finaliser la technologie. Alors on habille d'abord les astronautes de la combinaison russe de 1988 à 1999, puis de l'américaine à partir de 1999, malgré un prix exorbitant de 10 millions de dollars l'unité et un entretien à la fois complexe et onéreux. L'Europe n'est pas la seule à faire face à ces contraintes financières, car après avoir eux aussi fait l'acquisition d'un modèle onéreux auprès des Américains, les Japonais de JAXA ont rapidement dû renoncer à le garder.

Cet obstacle économique que doivent affronter les instructeurs européens en entraîne un autre : il faut pouvoir préparer les astronautes au port des scaphandres américains pour qu'ils passent avec succès les examens de certification dans la piscine de Houston, condition ultime pour qu'ils puissent être candidats aux sorties dans l'espace. Au début, la seule solution trouvée consiste à former les recrues à la plongée sous-marine classique, sans scaphandre, avant de les envoyer tester leur pratique au Johnson Space Center dès que le calendrier de la NASA le permet. Mais la piscine géante étant continuellement utilisée par les astronautes américains, les Européens ne parviennent pas à comptabiliser autant de séances de préparation que leurs collègues. Résultat, peu d'entre eux réussissent à décrocher le fameux certificat.

Les instructeurs européens proposent alors une alternative. Parmi eux figure Hervé Stévenin, ingénieur en aérospatiale, qui a d'abord travaillé au CNES sur les satellites avant d'y devenir l'entraîneur des astronautes pour les missions Mir. Il intègre l'ESA en 1999 et y met en place un nouveau mode de préparation aux sorties extravéhiculaires, spécifiquement destiné aux Européens. Dans une piscine de 18 m de long, 12 m de large et 10 m de profondeur construite à Cologne, on immerge la réplique d'un module russe et celle du laboratoire Columbus, l'un des modules européens de la Station spatiale.

Puis Hervé Stévenin et son équipe imaginent un dispositif simplifié de plongée adapté à l'exercice et au lieu, reproduisant les contraintes de l'EMU. En effet, quand ils enfileront ce scaphandre à Houston, leurs mouvements seront entravés par la rigidité due à la pressurisation intérieure qui permet d'imiter ce qu'ils vivront dans l'espace. Pour les y préparer, la combinaison mise au point par l'ESA simule cette gêne par le biais de gants en néoprène, un caoutchouc très peu malléable et difficile à plier. La visibilité étant limitée dans l'espace à cause de l'ampleur du casque, on les force aussi à s'entraîner avec des masques de plongée à vision réduite.

Si les obstacles physiques ont pu être dépassés, un problème lié à la plongée en flottabilité neutre demeure : la désorientation. Dans l'espace il n'y a en effet ni haut ni bas, ni gauche ni droite… une perte totale de repères. Thomas et ses collègues s'exercent donc au maximum à évoluer avec fluidité à l'intérieur et à l'extérieur des répliques des modules immergés dans la piscine de l'EAC.

Chaque session est encadrée par une équipe de quinze personnes dont un médecin, un instructeur, quatre plongeurs et un technicien pour l'approvisionnement en oxygène depuis la surface. Au bout de dix sessions à l'EAC, les astronautes européens peuvent passer à l'étape suivante : la plongée au cœur de la NASA.

La piscine

Chaque fois qu'on bouge, on se bat contre le scaphandre.

Des centaines d'astronautes se sont entraînés dans l'incontournable piscine géante de Houston, gigantesque laboratoire de flottabilité neutre ou Neutral Buoyancy Laboratory (NBL). Construite en 1995, elle se présente sous la forme d'un immense réservoir de 63 m de long et 12 m de profondeur, contenant 23,5 millions de litres d'eau. Sa taille imposante s'explique aisément : on y a placé les répliques grandeur nature de certains éléments de la Station spatiale internationale.

Son équivalent russe, un hydrolaboratoire construit en 1980, est un bassin de 23 m de diamètre contenant 5 millions de litres d'eau et d'une profondeur maximale de 12 m. Au centre, une plate-forme fonctionne comme un monte-charge qui plonge au fond du bassin ou remonte à sa surface. Sur cette plate-forme sont placées des répliques des modules russes de la Station spatiale.

Pour se rapprocher le plus possible d'une véritable sortie extravéhiculaire, les entraînements en piscine durent en moyenne 6 heures, le temps que met habituellement un astronaute à effectuer les tâches qui lui sont confiées. L'effort physique à fournir est hors du commun : il équivaut à courir un marathon complet.

Paradoxalement, quand les astronautes européens arrivent au Johnson Space Center pour l'entraînement en plongée, ils ont donc un coup d'avance sur leurs collègues américains qui n'ont pas eu de formation préparatoire et sont immédiatement confrontés à la vraie combinaison. Malgré tout, l'entraînement en scaphandre reste l'une des épreuves physiques les plus difficiles, en raison de son impact sur l'organisme. Avant chaque séance, les médecins du Centre spatial s'assurent que toutes les constantes de Thomas sont en règle – même si, en sportif accompli, il consacre au moins 10 heures par semaine aux exercices physiques.

À Houston, Thomas a revêtu la combinaison EMU et s'immerge dans la piscine où il est encadré par quatre plongeurs qui l'assistent dans ses tâches et veillent à sa sécurité. Trente-six personnes sont nécessaires pour superviser l'exercice en surface. En contact radio permanent avec son instructeur, il effectue ses tâches une à une, lentement. Il réalise aussi différents exercices de déplacement comme se rendre d'un point à un autre, entrer et sortir d'un module, remplacer un appareil ou le déplacer. Durant toute la durée de l'EVA, il évolue autour de la structure, relié par un câble de sécurité et un système de crochets comparables à ceux d'une via ferrata.

Outre la difficulté que représentent les procédures standard, l'astronaute est soumis à des simulations de cas d'urgence, comme un dysfonctionnement de sa combinaison avec défaillance des systèmes de refroidissement ou de ventilation. Il doit réagir à une perte de communication avec ses collègues en vol ou avec les équipes au sol, ou encore à une élévation anormale du taux de CO_2 dans son scaphandre. Dans tous les cas, en accord avec les membres d'équipage qui évaluent la gravité de l'incident, il doit revenir le plus rapidement possible dans la Station avec son coéquipier. Par mesure de sécurité, les EVA se font toujours par deux car il faut pouvoir rapatrier dans l'habitacle son collègue inanimé.

À la fin d'une session intense, Thomas sort de la piscine, aidé par les techniciens de la NASA qui lui ôtent son scaphandre. Cette plongée est la vingt-cinquième qu'il effectue dans le NBL, presque une routine.

10

SURVIVRE SUR TERRE

Maintenant je sais que je suis capable de passer deux nuits par froid glacial ou de jeûner trois jours, et d'y survivre.

Février 2016, une forêt enneigée près de la Cité des Étoiles.

Thomas, Peggy et Oleg s'affairent autour d'un module du Soyouz échoué dans une forêt. Ils portent des vêtements chauds, provenant du kit de survie du vaisseau. Au cœur des arbres, ils intègrent comment survivre en milieu hostile au cas où une rentrée incontrôlée dévierait leur trajectoire et les ferait atterrir loin de l'impact prévu.

Les dangers de l'atterrissage

Il est arrivé que des astronautes soient confrontés à cette situation. L'exemple le plus notoire est peut-être celui du duo russe Alexeï Leonov et Pavel Belaïev. Le 18 mars 1965, alors que Leonov vient d'effectuer la première sortie extravéhiculaire de l'histoire, il est prêt à rentrer sur Terre avec son coéquipier. Mais le retour est plus mouvementé que prévu : leur vaisseau, le Voskhod, atterrit au milieu d'une forêt sibérienne couverte de neige, près de la ville de Solikamsk, à 400 km du point de chute où l'attendent les équipes de récupération. Malgré les signaux radio émis par les cosmonautes, les secours sont incapables de les localiser. Ils s'abritent dans la capsule pour se protéger à la fois d'une tempête de neige, des loups et des ours qui infestent la zone, et d'une température de - 30 °C. Les équipes mettent deux jours pour les repérer puis les rejoindre, à skis, avec vivres et vêtements chauds. Le groupe passe une deuxième nuit sur place, cette fois dans un abri de fortune construit par les sauveteurs. Le lendemain, les deux cosmonautes devront encore faire 9 km à skis pour rejoindre l'hélicoptère qui les ramènera au bercail !

Une autre défaillance technique, cette fois au décollage, frappe les cosmonautes Vassili Lazarev et Oleg Makarov le 5 avril 1975. Alors que le Soyouz est à 180 km d'altitude, l'habitacle est éjecté et se pose dans une zone rocailleuse et enneigée. La capsule glisse le long d'une colline ; son parachute s'accroche de justesse à la végétation avant qu'elle ne tombe d'une falaise. Au vu de la distance et de l'orientation de la capsule au moment de son éjection, les cosmonautes ne savent pas s'ils ont atterri en Chine ou en Union soviétique. Ils envoient des signaux radio pour indiquer leur position mais, par mesure de sécurité, ils détruisent des documents liés à une expérience militaire secrète. Quelques heures plus tard, ils voient arriver les hélicoptères russes partis à leur recherche. Ils ont atterri à proximité d'une terre mongole, à 829 km au nord de la frontière chinoise, et doivent patienter vingt-quatre heures avant d'être hélitreuillés, tant l'endroit est difficile d'accès.

Aujourd'hui encore, un retour catastrophique reste possible : Peggy Whitson elle-même en a fait les frais il y a moins de dix ans.

Le 19 avril 2008, revenant d'une mission de six mois en compagnie du Russe Iouri Malentchenko et de la Sud-Coréenne So-Yeon Yi, elle constate qu'un sévère problème technique dévie la trajectoire du Soyouz. La décélération étant beaucoup plus importante que prévu (10 *g*), l'antenne radio surchauffe et est gravement endommagée. Le vaisseau se pose dans le désert kazakh, à 420 km au sud du point de rendez-vous. Iouri Malentchenko est le premier à se hisser difficilement hors de l'habitacle pour activer sa balise radio. Il est suivi de Peggy et de So-Yeon, qui a plusieurs côtes brisées suite à l'impact. Tous trois sont accueillis et aidés par les habitants des environs, encore ébahis d'avoir vu un vaisseau spatial se poser au milieu de leurs champs ! À peine quatre heures plus tard, ils sont rejoints par les équipes au sol, venues rapatrier les naufragés à la Cité des Étoiles.

Survivre n'importe où

Forêt enneigée ou désert de pierres, les astronautes doivent être préparés à survivre dans n'importe quel environnement inhospitalier, et cela à peine sortis de leur capsule.

Les formations à la survie ont démarré dans le désert du Nevada pour les Américains, en Arctique ou en mer Noire pour les Russes. Aujourd'hui, les cosmonautes vont s'entraîner dans le désert d'Ouzbékistan et les Européens dans les montagnes de Sardaigne ou en mer Méditerranée. Tous retrouvent ensuite les Américains dans les montagnes de l'Utah.

Première leçon : construire une cabane avec ce qui se trouve alentour, même des éléments de leur propre vaisseau. Ils apprennent à chasser, à pêcher et à cuisiner avec les moyens du bord. Certains instructeurs, des spécialistes civils de la survie, des militaires chevronnés ou des habitants du lieu rompus aux particularités de leur environnement, ont marqué de leur empreinte les agences spatiales.

Parmi eux, le légendaire Antonio Zarco, un Indien Chocô employé comme consultant par la NASA dans les années 1960. À cette époque, les astronautes américains sont envoyés dans la jungle du Panamá pour s'exercer au Tropic Survival School. Ce centre militaire est destiné en priorité aux pilotes de chasse, qui risquent eux aussi de devoir atterrir en catastrophe dans un contexte extrême. Durant leur séjour, ils sont supervisés par des instructeurs de la NASA et par des Indiens Chocô dont le représentant, Antonio, est considéré par les Américains comme le plus grand spécialiste de la survie en milieu tropical. Il apprend aux astronautes à fabriquer un arc et des flèches, à chasser et cuisiner des animaux improbables comme l'iguane, à identifier les racines et les baies comestibles, à construire une pirogue avec ce qu'ils peuvent – bref, à vivre en autosuffisance dans leur environnement du moment. Neil Armstrong lui-même fut formé par Antonio Zarco, tout comme dix mille autres Américains, astronautes et soldats, passés par ce centre panaméen entre 1955 et 1975. Le département américain de la Défense, souhaitant valoriser cet enseignement si précieux, lui remettra la Distinguished Public Medal, la plus haute distinction qu'un civil puisse recevoir de l'armée américaine, et l'invitera en grande pompe en juin 1964 à visiter Washington puis les centres spatiaux de Cape Canaveral et de Houston.

Paradoxalement, un stage de survie a viré au danger mortel : le 11 juillet 1993, près d'Anapa (mer Noire), le cosmonaute Sergueï Vozovikov s'est noyé au cours d'un exercice, après s'être pris accidentellement dans les filets d'un pêcheur voisin…

Équipement et principes de base

On apprend des techniques comme la construction d'un tipi ou l'entretien d'un feu par - 25 °C.

Quand les passagers du Soyouz sont contraints à un atterrissage imprévu, ils ont dans le vaisseau un kit leur permettant de survivre jusqu'à l'arrivée des secours. Son contenu est élaboré pour les faire tenir trois jours : c'est amplement suffisant, car aujourd'hui il ne faut en général que quelques heures pour retrouver un équipage. Depuis l'incident de 2008, le vaisseau est équipé d'une nouvelle balise GPS et GLONASS.

Les passagers ont aussi à leur disposition des équipements adaptés à plusieurs éventualités : une tenue amphibie à enfiler s'ils doivent survivre en mer, des vêtements thermiques pouvant endurer jusqu'à - 50 °C, une machette, une balise, des moufles, une combinaison chauffante, un passe-montagne, une casquette de laine, de la petite vaisselle, une poêle à frire, un peu de nourriture lyophilisée, un kit médical, des fusées de signalisation, un équipement minimum d'alpiniste et du matériel de pêche.

Aux débuts de l'aventure spatiale, le kit des Russes contient même un pistolet Makarov, et depuis 1986 un pistolet de survie spécialement conçu pour se protéger des ours et des loups. Aujourd'hui, cette pratique à bord du Soyouz aurait été abandonnée depuis que les militaires russes ne sont plus en charge des vols habités. Les Américains, dont les capsules amerrissent principalement dans le Pacifique, n'emportent aucune arme mais ils sont équipés d'un répulsif pour requins !

Une fois au sol, l'équipage se doit de respecter des règles de base.

Premièrement, ne jamais sortir du vaisseau, sauf si sa santé ou sa vie est menacée. Si le module s'est posé sur une surface gelée, par exemple, il y a un risque que la glace se rompe et que l'habitacle soit inondé : les astronautes ont alors l'obligation de s'en extraire et de se mettre en sécurité. La capsule est équipée de balises et d'antennes permettant aux équipes au sol de localiser les naufragés. Si elles n'ont pas été endommagées par la rentrée dans l'atmosphère, ils ne doivent pas s'en éloigner de plus de 200 ou 300 m. Dans le cas contraire, les passagers se servent d'une radio à l'intérieur de l'habitacle pour signaler leur position.

D'autres raisons peuvent contraindre les astronautes d'évacuer le vaisseau pour se mettre à l'abri. Si les secours mettent trop de temps à arriver, la perte d'énergie de l'accumulateur peut provoquer des problèmes de ventilation et de régulation à l'intérieur de l'habitacle. En cas de gel ou, inversement, avec une température trop élevée, les passagers n'ont alors pas le choix : il faut sortir. Si l'appareil amerrit, les volets d'aération se ferment automatiquement et l'équipage fait face, là aussi, à un problème de régulation thermique.

Ils ne savent pas à quel environnement ils seront confrontés à l'extérieur du Soyouz. Comme ils peuvent atterrir dans une région montagneuse, on leur apprend les gestes essentiels de survie dans ce milieu particulier, à choisir une zone sécurisée pour attendre les secours, ou à faire des nœuds solides pour s'encorder… On les forme à trouver un abri ou à le composer à partir de presque rien dans l'hypothèse où ils s'échoueraient en plein désert.

En cas d'amerrissage, on leur indique comment sortir en urgence du module après avoir enfilé un gilet de sauvetage par-dessus leur scaphandre et déployé un canot gonflable en attendant que l'on vienne les hélitreuiller.

Ultime stage

Durant leur stage de trois jours, Thomas, Peggy et Oleg respectent scrupuleusement chacune des consignes de leur instructeur, Anatoli Zabrouskov.

Ils ne s'éloignent pas du module, enfilent leurs vêtements chauds, allument un feu, construisent une cabane avec des branches coupées à la machette, tentent de signaler leur position par radio et lancent une fusée d'alerte en pleine nuit. Ils simulent aussi un cas plus grave, où l'un d'eux serait blessé. Il s'agit alors de lui prodiguer les premiers soins, ou de construire un brancard de fortune pour l'évacuer de la zone à risques. Ils prennent garde à ne pas se mouiller les pieds – ce qui pourrait les faire geler –, à ne pas se couper ni se blesser.

Pour Thomas, tous ces impératifs, qu'il devra avoir en tête en cas de retour inopiné, sont des découvertes. Oleg, lui, a déjà vécu cet entraînement et en connaît tous les aspects. Quant à Peggy, elle a déjà expérimenté, comme nous l'avons vu, un débarquement au milieu de nulle part. Thomas l'avoue aisément : son rôle est simplifié, il lui suffit d'écouter, de regarder et d'apprendre ce que ses coéquipiers ont déjà assimilé.

Calmes et précis dans leurs gestes, communiquant parfaitement entre eux malgré le froid et l'humidité, Thomas, Peggy et Oleg ont assimilé les enjeux de cet entraînement de survie : ils ont la certitude qu'en cas de problème ils pourront compter les uns sur les autres pour s'en sortir.

PARTIE 2

★

ENTRE TERRE ET CIEL

11

RITES ET CÉRÉMONIES

Impossible d'oublier Iouri Gagarine quand on se prépare pour une mission : à la Cité des Étoiles comme à Baïkonour, son image est omniprésente et les rites cultivant son souvenir sont tenaces.

Baïkonour, novembre 2016.

Après un ultime examen en simulateur à la Cité des Étoiles le 25 octobre, les membres du Soyouz MS-03 et les astronautes entraînés en cas de remplacement de l'un d'entre eux, appelés doublures, rejoignent Baïkonour le 1er novembre 2016, à bord d'un avion spécial de l'agence Roscosmos. Durant les deux semaines qui précèdent le décollage, ils sont mis en quarantaine pour éviter toute contamination, installés dans le confortable et moderne Hôtel des Cosmonautes, au bord du Syr-Daria.

Thomas voit cette période « comme un sas entre la vie sur Terre et la vie dans l'espace », durant laquelle il met notamment à jour sa playlist musicale. Étroitement surveillés par les équipes médicales, les astronautes pratiquent chaque jour des exercices physiques pour continuer à se préparer aux accélérations du décollage et à l'état d'impesanteur, comme des séances de tabouret tournant ou de décubitus dorsal, sur un plan incliné, allongé sur le dos et la tête en arrière. Ils effectuent encore quelques séances de pilotage du Soyouz sur ordinateur et, surtout, se prêtent à des cérémonies incontournables.

La plupart de ces rites, parfois désuets, sont dictés par le culte de Iouri Gagarine, le respect des traditions et la superstition. Luca Parmitano, qui accompagne à Baïkonour la famille de Thomas Pesquet pour lui expliquer les derniers préparatifs et, si besoin, la rassurer, leur trouve une autre utilité : « Quand les équipages arrivent à Baïkonour, ils viennent de passer deux années d'entraînement intensif à travers le monde, et deux semaines d'examens finaux particulièrement stressants. Tout d'un coup, ils se retrouvent au milieu du désert, sans avoir grand-chose à faire. C'est probablement pour cela que les Russes ont mis en place toutes ces cérémonies avant le décollage : pour éviter qu'on s'ennuie ! »

La plus grande base spatiale du monde

Le cosmodrome de Baïkonour a été construit à une vingtaine de kilomètres au nord de la ville de Leninsk, *ex nihilo*, en 1955. Les premiers missiles intercontinentaux soviétiques y ont été testés, et les grandes premières spatiales soviétiques effectuées : Spoutnik et Laïka en 1957, Gagarine en 1961, les premiers Soyouz habités à partir de 1967… Le site, longtemps resté absent des cartes officielles et totalement interdit d'accès, porte le nom d'une bourgade située 350 km plus au nord, pour brouiller les pistes. En 1966, le général de Gaulle a été le premier chef d'État étranger invité à Baïkonour ; il a assisté au lancement d'un satellite météorologique et d'un missile balistique.

Baïkonour

★

Situation géographique : 45° de latitude nord, **à 2500 km au sud-est de Moscou**, dans les steppes désertiques du Kazakhstan, sur la rive droite du Syr-Daria (« Fleuve rougeâtre »)
Climat : fortement continental, variant de + 30 °C l'été à - 30 °C l'hiver, précipitations absentes près de 300 jours par an
Date de création : **janvier 1955**
Infrastructures : Baïkonour se trouve sur la ligne de chemin de fer qui relie Moscou à Tachkent, capitale de l'Ouzbékistan. Le cosmodrome comporte 1 280 km de routes et 470 km de voies ferrées.
Surface : 75 km du nord au sud, et 90 km de l'est à l'ouest, soit une superficie de **plus de 6700 km²** (2,5 fois celle du Luxembourg, et presque 10 fois celle du centre spatial guyanais)
Activité : **5 pas de tir opérationnels**
Membres du personnel : **10000**

Après la chute de l'Union soviétique, en 1991, le cosmodrome est devenu la propriété de la République du Kazakhstan, qui loue le terrain à la Russie pour un montant annuel de 115 millions de dollars. La ville de Baïkonour, qui a accueilli jusqu'à 120 000 habitants dans les années 1980 – l'URSS procédait alors à trois lancements de fusées par semaine ! –, ne comptait plus que 36 000 âmes en 2009 : de nombreux immeubles aux accès et fenêtres murés témoignent de cet exode.

Alors que s'installer à Baïkonour était autrefois prestigieux, malgré des conditions de vie spartiates, les conditions économiques poussent aujourd'hui les habitants à s'exiler.

Le bouleau de l'aspirant astronaute

Le lendemain de leur arrivée à Baïkonour, les équipages se rendent dans le hall d'intégration Mik 254 du cosmodrome où est préparé le Soyouz, pour une répétition finale en scaphandre. Une seconde visite aura lieu le 11 novembre, deux jours après l'encapsulage du vaisseau (la mise sous coiffe). Elle sera suivie d'un passage au musée de la cosmonautique de la ville, avec séances de signatures et de photos.

Un peu plus loin, l'équipage doublure s'arrête dans la maisonnette où Iouri Gagarine a passé sa dernière nuit sur Terre avant son départ pour le cosmos. La tradition veut que l'on s'asseye quelques minutes sur le lit du premier cosmonaute. Ce sont les seules escapades autorisées durant la quarantaine.

«Lors de ces sorties, tous les gens que nous côtoyons doivent porter des masques, et nous n'avons pas le droit de serrer la main à qui que ce soit», explique Thomas.

Le 3 novembre a lieu le lever des drapeaux, russe, américain, français et kazakh, hissés respectivement par Oleg Novitski et Fiodor Iourtchikhine, Peggy Whitson et Jack Fisher, Thomas Pesquet et Paolo Nespoli. La cérémonie est suivie de la visite de l'autre musée municipal, avec là encore son lot de signatures et de photos. Les trajets s'effectuent à bord d'un rutilant car mauve recouvert d'étoiles géantes.

Mais la cérémonie la plus importante est certainement celle qui se déroule une semaine plus tard dans les jardins de l'Hôtel des Cosmonautes, sous un soleil presque printanier. Muni de gants blancs, Thomas, le seul «bleu» du groupe, doit mettre en terre une pousse de bouleau, comme l'ont fait ses prédécesseurs depuis Iouri Gagarine, sous l'œil complice de ses collègues. Les arbres, plus ou moins développés, sont alignés les uns à côté des autres par ordre chronologique. Accompagnés d'un panneau en cyrillique indiquant le nom du cosmonaute associé, ils s'étirent désormais sur trois allées de plusieurs centaines de mètres. À l'origine, la plantation avait lieu après le retour sur Terre des équipages, mais elle a été avancée à cette période de quarantaine, malgré les superstitions, pour des raisons pratiques. Elle est suivie d'une séance photo face au fleuve, aux côtés d'une maquette de la fusée Soyouz mesurant plus de 2 m.

ATTENTION, PASSAGE D'UN TRAIN

À J-5, le 13 novembre, plusieurs avions en provenance de Moscou ou d'Astana se posent à l'aéroport de Baïkonour. Débarquent les proches, des invités officiels, de nombreux médias (dont une quarantaine de journalistes français) et même quelques groupes de touristes, qui se dispersent dans les hôtels de la ville. Le plus grand, le *Tsentralnaya*, donne sur une large place ornée d'une imposante statue de Lénine.

Le lendemain, dans la nuit encore noire où la température a soudainement chuté et avoisine les - 10 °C, tout ce petit monde est emmené en bus au cosmodrome pour assister au « Vývoz », la sortie du lanceur Soyouz. L'équipage principal n'est pas présent : cela pourrait porter malheur… À 7 heures précises, comme le veut la tradition, l'immense porte du Mik 112 s'ouvre pour laisser apparaître, dans la lumière crue des projecteurs, une locomotive diesel Motovoz de la fin des années 1980. Derrière elle, un wagon plat sur lequel est couchée la fusée, réservoirs vides, surmontée de sa coiffe et d'une tour d'éjection. Protégé par un épais cordon de policiers russes, lourdement armés et portant des casques d'assaut, le convoi de 153 tonnes se met en marche. Il doit rejoindre le pas de tir, distant d'une demi-douzaine de kilomètres. La foule longe la voie sur quelques dizaines de mètres, puis remonte dans les bus avant de rejoindre un passage à niveau situé à mi-parcours.

Une heure et demie plus tard, tandis que le jour se lève, découvrant un ciel parfaitement bleu, le convoi réapparaît. On peut l'observer plus d'une demi-heure, mais pas question de déposer des pièces de monnaie sur les rails pour que le train les écrase, comme c'était la coutume il y a quelques années encore : c'est désormais strictement interdit. Arrivé sur l'aire de lancement n° 1 baptisée Gagarinski Start, d'où avait décollé Gagarine 55 ans plus tôt, le lanceur est débarrassé de ses attaches de transport, mis en position verticale en une dizaine de minutes, et enfin enserré par deux bras de maintien constitués de lourds contrepoids. L'opération se termine vers 10 h 45.

« C'est fou comme cela paraît petit, surtout quand on compare à la navette », s'étonne Jean-François Clervoy, présent sur place, tout comme les Français Claudie et Jean-Pierre Haigneré et le Belge Frank De Winne, directeur des astronautes européens. La famille de Thomas est un peu à l'écart de la foule. Anne Mottet, sa compagne, semble sereine, mais avoue l'être certainement moins que lui… L'après-midi, et chaque jour jusqu'à la veille du lancement, Thomas reçoit la visite de ses proches à l'Hôtel des Cosmonautes, et parle avec eux à travers une vitre. « Il va bien, il est très relax, rapporte Luca Parmitano. Il est heureux de voir sa famille, ses amis, sa compagne. Il est prêt à voler, tout simplement. »

Pope star

Autre cérémonie pittoresque, la bénédiction du lanceur sur son pas de tir par un prêtre orthodoxe. Elle se déroule l'avant-veille du départ, en début d'après-midi, sans les astronautes. Il fait - 15 °C et le temps est brumeux. Ce rituel, introduit à la fin des années 1990, dure une vingtaine de minutes. Au terme de son sermon, le pope asperge de bon cœur la fusée d'eau bénite, ainsi que les équipes du cosmodrome. Puis il s'approche des spectateurs présents pour leur accorder également sa bénédiction : très vite, leurs habits et les objectifs des appareils photo se retrouvent couverts de givre !

Dans l'après-midi, la commission d'État se réunit à l'hôtel, en présence de l'équipage du Soyouz MS-03 et des doublures, toujours tenus à l'écart derrière une baie vitrée. Plus formelle qu'autre chose, cette réunion doit donner son feu vert définitif pour le lancement. Vers 18 heures a lieu l'ultime conférence de presse. La salle est bondée, un mur de caméras et d'appareils photo s'est formé derrière les sièges où se sont installés les proches, les officiels et des journalistes, pour la plupart français. Thomas Pesquet est ainsi davantage sollicité que les autres et même régulièrement ovationné, dans une ambiance un peu dissipée.

La dernière séance

Le soir, les astronautes visionneront en version originale un classique du cinéma soviétique de 1969, *Le Soleil blanc du désert*. En septembre 1973, un peu plus de deux ans après l'accident qui a coûté la vie aux occupants du Soyouz-11, suite à la dépressurisation accidentelle du vaisseau avant le retour sur Terre, les membres de Soyouz-12 avaient assisté à la projection de ce film tragicomique lors de leur dernière soirée à Baïkonour. Le vol s'étant parfaitement déroulé et aucun accident majeur ne s'étant produit depuis, le film est systématiquement programmé la veille d'un lancement.

« Je trouve formidable de garder ces éléments de tradition, parce que c'est une aventure particulière, considère Claudie Haigneré. Je pense qu'on ne peut se projeter vers le futur de l'exploration spatiale que si l'on sait conserver ce qui s'est déroulé dans le passé. »

12

LE GRAND DÉPART

Je ne réalise toujours pas que nous allons finalement décoller. Cela fait sept ans que je m'entraîne et je n'ai jamais été aussi près de la fusée. Mais tout est étrangement normal et nous sommes restés très calmes ces derniers jours.

Dernière conférence de presse, la veille du lancement.

Baïkonour, mercredi 16 novembre 2016.

Jeudi 17 novembre 2016

L'équipage, désormais calé sur l'heure de l'ISS – soit six heures de moins qu'à Baïkonour –, s'est levé à midi. Sa dernière journée sur Terre est rythmée par les repas et quelques verres levés à la réussite de la mission, les ultimes examens médicaux, une séance chez le coiffeur, les visites de proches ou d'officiels – dont l'état de santé est vérifié au préalable – et plusieurs autres cérémonies. Et pour finir, les astronautes doivent apposer leur signature sur la porte de leur chambre et être à leur tour allègrement bénis par le pope.

20 HEURES 30

Il est temps de rejoindre le cosmodrome.

Une foule compacte et joyeuse s'est massée devant l'entrée de l'hôtel. La chanson *Trava u doma* («La pelouse de la maison»), diffusée dans des haut-parleurs, est reprise en chœur par un groupe de jeunes filles venues de l'Oural qui agitent des drapeaux. Très populaire en Russie, cette chanson raconte la mélancolie des voyageurs de l'espace ; elle est depuis 2009 l'hymne officiel des cosmonautes.

En uniforme bleu sous un épais blouson, les membres de l'équipage principal sortent en premier, rapidement suivis de leurs doublures.

Ils répondent de la main aux encouragements du public et marquent un temps d'arrêt pour saluer les familles avant de monter dans leur bus. Le temps de faire encore quelques signes et le convoi se met en route, étroitement encadré par des véhicules de police tous gyrophares allumés.

Le bâtiment Mik 254 du cosmodrome est rallié en une demi-heure. Là, les trois passagers du Soyouz MS-03 subissent d'abord un lavement des intestins. Puis c'est la séance d'habillage et de vérification des combinaisons de vol avec l'aide de techniciens affublés de masques d'hygiène. Une dernière entrevue avec les familles et quelques visiteurs, toujours derrière une vitre protectrice. Les rares journalistes présents ne sont autorisés qu'à effectuer des prises de vues.

23 HEURES 20

Oleg Novitski, Peggy Whitson et Thomas Pesquet – visiblement le plus concentré – quittent le Mik 254 sous les applaudissements d'un public transi : le thermomètre est descendu à - 17 °C, mais le vent qui souffle entraîne un ressenti de - 25 °C.

Les astronautes ont été équipés d'une imposante surcombinaison blanche qui leur donne l'apparence de marcheurs lunaires. Chacun rejoint un petit carré marqué au sol : au milieu, le commandant de bord (Oleg), à sa droite l'ingénieur de bord n° 2 (Peggy), et à sa gauche l'ingénieur de bord n° 1 (Thomas). Face à eux se tiennent le directeur adjoint de l'agence Roscosmos et le vice-président de la société RKK Energia, représentants de la commission d'État. Très solennellement, ils confient le vaisseau à l'équipage qui, en retour, s'engage à en prendre soin.

Puis c'est le départ pour le pas de tir, après les derniers saluts à l'assistance. Seuls quelques officiels et une poignée de photographes ou de cameramen sont autorisés à assister aux adieux au pied du lanceur ainsi qu'à la montée dans l'ascenseur menant au vaisseau.

Quelques instants auparavant, une ultime tradition a été respectée, malgré le froid : la séance pipi sur la roue arrière droite du bus. La légende raconte que Gagarine s'était soulagé de la sorte avant son décollage, et tous ses successeurs se doivent de l'imiter, quitte à faire semblant et à entretenir une histoire totalement inventée…

Vendredi 18 novembre

2 heures

Le trio est installé dans son vaisseau depuis plus de deux heures, au sommet du lanceur désormais rempli de carburant, opération qui a duré cinq heures. Au centre, Oleg Novitski, avec Peggy Whitson à sa droite et Thomas Pesquet à sa gauche. Ils ont terminé les différentes opérations de contrôle et se détendent en écoutant leurs morceaux de musique préférés, engoncés dans leur siège étroit. Le compte à rebours s'égrène tranquillement.

L'astronaute américain Donald Pettit se souvient de l'inconfort de sa position avant le départ du Soyouz TMA-03M, en décembre 2011 : « Le Soyouz est une boîte à sardines. Une fois attaché, les talons touchent presque les fesses. Je suis attaché en huit points à un siège qui épouse mes formes et m'empêche de bouger quoi que ce soit d'autre que les bras. Mais je peux faire pivoter ma tête et bouger mes orteils. »

À environ 1 300 m du pas de tir, des centaines de personnes sont rassemblées depuis 1 h 30 du matin sur un site d'observation. Sous les feux de puissants projecteurs, le Soyouz MS-03 se détache parfaitement dans la nuit noire, parsemée de quelques étoiles. La veille, la « super Lune » avait constitué un spectacle peu ordinaire au-dessus du désert kazakh. La base du lanceur est en partie cachée par le relief du terrain, pourtant plat, et désespérément vide de végétation. Une zone relativement bien éclairée et disposant d'un auvent rudimentaire est réservée aux familles et aux invités de marque, représentants des agences spatiales et personnalités politiques. Sur la droite, dans la pénombre, une large esplanade est ouverte aux médias et à des groupes de touristes emmitouflés, qui préparent leur appareil photo ou leur caméra en tapant des pieds sur le sol gelé pour tenter de se réchauffer. Quelques télévisions russes ont dépêché leur présentateur, et les « plateaux » s'installent les uns à côté des autres. À l'entrée du site, une buvette bien trop étroite pour accueillir une telle foule est prise d'assaut, davantage pour s'y abriter de la bise glaciale que pour y commander des boissons. L'ambiance est détendue, personne ne semble vraiment prêter attention aux différentes annonces en russe que diffusent les haut-parleurs. Mais dans les dernières minutes du compte à rebours, le silence s'installe et tout le monde se met en place. Soudain, le mât ombilical qui assurait le remplissage du deuxième étage du lanceur se rétracte : il reste 40 secondes avant le décollage.

2 HEURES 20

H - 5 secondes : une lueur incroyablement éblouissante englobe soudain l'ensemble du pas de tir, comme s'il s'embrasait. Puis l'intensité lumineuse diminue progressivement, laissant apparaître la fusée qui s'élève lentement, avant d'accélérer petit à petit. Depuis le site d'observation, la scène démarre dans un silence absolu, rapidement couvert par des « Allez, Thomas ! » car le son, bien moins rapide que la lumière, met une vingtaine de secondes de plus que « l'image » à parcourir la distance entre le pas de tir et le public. Le Soyouz est déjà haut dans le ciel lorsque parviennent le vrombissement de l'allumage des moteurs, le coup de tonnerre de leur montée en régime rapide et le crépitement sourd de leur fonctionnement.

Le sol se met à vibrer. La débauche d'énergie lumineuse reste spectaculaire et impressionnante. Il est difficile de suivre à l'œil nu les flammes du lanceur. On distingue parfaitement les différentes étapes du vol durant cinq bonnes minutes : largage des quatre propulseurs du premier étage, extinction du deuxième étage, allumage du troisième étage… Le lanceur devient peu à peu un simple point orangé qui rétrécit lentement, tandis que réapparaissent les étoiles dans le ciel.

Payekhali !

★

Payekhali !, « C'est parti ! », s'était écrié Iouri Gagarine lors du décollage de sa fusée Vostok, le 12 avril 1961. Les commandants de bord des vaisseaux soviétiques puis russes ont repris cette expression au démarrage de leur mission. Avant son premier vol en Soyouz en 1993, l'astronaute français Jean-Pierre Haigneré avait, lui, lancé à la foule présente sur le pas de tir l'expression fétiche des pilotes de chasse : « À la chasse, bordel ! »

La foule se dirige vers un écran géant, installé devant la tribune VIP, où sont diffusés les images intérieures du Soyouz et les paramètres du vol. Premiers hourras et premières embrassades, avant même la mise sur orbite. Lorsque celle-ci est confirmée, c'est le soulagement général, quelques bouteilles de vodka sortent même des sacs. Mais la liesse est de courte durée, car les militaires russes demandent rapidement de rejoindre les bus – de toute façon, le froid toujours saisissant n'encourage guère à s'éterniser.

En moins de 9 minutes, la capsule Soyouz a été placée sur une orbite variant entre 200 et 245 km, inclinée de 51,7° par rapport à l'équateur. Sa vitesse est de 7,7 km/seconde. La poussée lors de la phase propulsée n'a pas excédé 4 *g* : c'est presque confortable pour l'équipage qui s'est préparé à supporter des accélérations bien supérieures.

PARTIE 3

★

6 MOIS DANS L'ESPACE

13

52 HEURES DANS LE SOYOUZ

C'est encore mieux que ce que je m'étais imaginé. On vit une scène digne d'un film de science-fiction : cette immense station spatiale qui brille dans le Soleil, avec ses panneaux solaires orange et de la technologie partout, c'est l'Étoile noire et moi je suis Chewbacca !

À bord du Soyouz, 19 novembre 2016.

Durant plus de quarante ans, le vaisseau Soyouz a desservi Saliout, Mir et l'ISS en 48 heures en suivant un plan de vol composé de 34 orbites pour passer d'une altitude de 200 km à une position deux fois plus haute, suivi de quelques heures – quatre pour Thomas – de manœuvres d'approche…

Depuis mars 2013, profitant d'une nouvelle procédure de vol inventée par l'ingénieur russe Rafaïl Mourtazine, le Soyouz est capable de rejoindre sa cible en seulement 4 orbites, soit 6 heures. Le système de navigation introduit sur la toute dernière version MS du vaisseau devrait même lui permettre, à terme, d'effectuer des rendez-vous avec l'ISS dès la première orbite, c'est-à-dire en moins d'une heure après le décollage… Hélas, la mise à jour des stations de suivi au sol a pris du retard, contraignant la mission qui abrite aujourd'hui nos trois astronautes à revenir à un voyage sur deux jours...

Un mauvais moment à passer

Pour rejoindre l'ISS, il faut s'armer de patience : 52 heures au programme... Une fois sur orbite, les membres de l'équipage peuvent ôter leur combinaison et profiter du compartiment de vie – environ 9 m³, soit l'équivalent d'une petite camionnette de déménagement – pour se « dégourdir les jambes » et, si besoin, utiliser de « vraies » toilettes plutôt que des couches-culottes, mais c'est malgré tout « d'un ennui à mourir », confie Peggy Whitson, qui a déjà expérimenté un lancement à bord de Soyouz en octobre 2007. Pas question en effet de regarder paisiblement la Terre à travers le hublot : dès l'arrêt des moteurs, le vaisseau étant mis en rotation sur lui-même à raison de 2 ou 3 degrés par seconde, il fait apparaître et disparaître la planète toutes les deux minutes, de manière quasi subliminale. Couplé à l'état de micropesanteur, cet effet entraîne souvent des nausées.

Avant son départ, Thomas a en tête l'expérience d'Andreas Mogensen en septembre 2015 : la Station ayant dû changer d'orbite à cause de la menace d'un débris spatial, le voyage de l'astronaute danois avait été rallongé. À son retour il avait déclaré : « J'ai vécu les quarante-huit heures les plus longues de ma vie. » Aussi le Français s'est-il préparé : « Pour ne pas me retrouver dans la même situation, j'ai prévu de quoi passer le temps, de nuit essentiellement. J'ai un jeu de cartes français et je vais apprendre à Peggy et Oleg à y jouer. J'ai aussi des dés, et chacun a engrangé un certain nombre d'histoires à raconter pendant le trajet… »

Mais l'heure n'est pas encore à se distraire. La première orbite est consacrée au déploiement des panneaux solaires et des antennes radio, et à la vérification de plusieurs systèmes : radio, contrôle d'attitude, rendez-vous automatique avec la Station… La pression est également contrôlée à bord de chaque module du vaisseau. La suite du vol est constituée de trois corrections d'orbite, afin d'aligner progressivement le Soyouz sur la trajectoire et la vitesse de l'ISS.

LES TROIS CORRECTIONS DE TRAJECTOIRE RÉALISÉES PAR LE SOYOUZ MS-03 POUR REJOINDRE L'ISS

Orbite de correction	**Heure UTC des manœuvres**	**Durée de propulsion des moteurs**	**Position orbitale atteinte**
3e ORBITE	1re manœuvre à 05 h 49	76,8 s	210 × 319 km
	2e manœuvre à 06 h 32	75,5 s	311 × 338 km
17e ORBITE	3e manœuvre à 03 h 16	28,8 s	317 × 339 km

En outre, les astronautes vérifient régulièrement les équipements (systèmes informatiques, radio et radar, capteurs…) et tiennent des bilans de santé, surtout le premier jour. Le tout est effectué en liaison permanente avec le Tsoup, le centre de contrôle de Roscosmos, près de Moscou.

Toutes ces opérations alternent avec les repas – nourriture en boîte, biscuits et fruits secs… – et les moments de repos. Ceux-ci ne sont pas forcément réparateurs, car ils sont définis en fonction non pas des besoins physiologiques mais des survols du territoire russe pour rester accessibles par radio… Chacun dispose d'un « sac de couchage », qu'il installe contre une paroi, soit dans le compartiment de descente, soit dans le compartiment de vie. La première « nuit » dure 7 orbites (10 heures 30 minutes), et la seconde 6 orbites (9 heures). Thomas révèle un détail amusant : les astronautes profitent des deux jours de voyage pour faire sécher leurs scaphandres ! Ils les installent vides dans les sièges du compartiment de commande (en laissant toutefois la place du commandant de bord) et les branchent sur le système de ventilation.

L'amarrage est maintenu

Les deux jours passés, le Soyouz est en approche finale de l'ISS. Les hublots du vaisseau étant latéraux, il est impossible d'apercevoir la Station : les commandes se font donc depuis le module Zvezda de l'ISS, équipé de trois ordinateurs identiques, spécialement conçus pour assurer l'amarrage. L'un d'eux est hors service depuis quelque temps et, deux heures avant la fin de la manœuvre, un second tombe en panne… Exceptionnellement, la règle qui impose d'avoir deux ordinateurs fonctionnels est transgressée, et l'amarrage est autorisé. Il intervient le samedi 19 novembre, 52 heures après le décollage et avec 3 minutes d'avance. Il s'effectue sur le module Rassvet de l'ISS, en mode automatique mais sous l'œil attentif de l'équipage, prêt à reprendre à tout moment les opérations en main, et à la vitesse de 10 cm par seconde : plus lentement, le vaisseau « rebondirait » ; plus rapidement, le choc risquerait d'entraîner des dommages…

Le temps notamment de vérifier la parfaite étanchéité entre les vaisseaux, les écoutilles sont ouvertes moins de trois heures plus tard. Oleg entre le premier, suivi de Thomas et de Peggy. Ils sont joyeusement accueillis par les astronautes déjà installés depuis un mois : les Russes Andreï Borissenko et Sergueï Ryjikov, ainsi que l'Américain Shane Kimbrough.

« C'est une première satisfaction de revoir nos collègues qui nous attendaient à l'intérieur de la Station – des amis même, puisque nous nous sommes entraînés ensemble auparavant, raconte Thomas. C'est ensuite la joie de découvrir la Station pour de vrai. On a fait tout ça en simulateur pendant des mois mais là, on flotte librement, on est à l'envers, on évolue en trois dimensions… Et après la tension du décollage et de l'amarrage, on peut enfin souffler un peu. On n'est plus recroquevillés dans un frêle esquif mais à notre aise sur le gros bateau, les risques sont bien moindres désormais. »

Rapidement, tout le monde s'installe dans le module Zvezda, afin d'établir la traditionnelle téléconférence d'arrivée avec le centre de contrôle du Tsoup. Les premiers échanges sont assez protocolaires, avec les félicitations successives de divers responsables russes, américains et européens, puis chacun des membres de l'équipage s'entretient quelques minutes avec ses proches. Thomas, visiblement en forme et décontracté, semble retenir son émotion en écoutant sa compagne, ses parents et son frère. «J'ai bien senti que ça les rassurait de pouvoir enfin me parler. Le décollage a été très impressionnant pour eux. Ils étaient stressés depuis plusieurs semaines et là, en voyant que j'allais bien et que j'étais content, ils ont commencé à se relaxer. »

Interrogé sur ses premières impressions sur orbite, le Français répond : «J'ai du mal à y croire mais, apparemment, c'est pour de vrai. » Et de reconnaître, avec humour : «Les jeux que j'ai emportés avec moi ne fonctionnent absolument pas dans l'espace. Mais je ne m'avoue pas totalement battu par les lois de la gravité, et j'ai six mois pour trouver une solution ! »

Les centres de contrôle de l'ISS

★

Tsentr Upravleniya Poliotom (Tsoup) – Russie : depuis 1960 à Korolev, près de Moscou ; gère l'arrivée et le départ des Soyouz ou des cargos Progress, et le segment russe.

Mission Control Center (MCC) – États-Unis : à Houston, le Johnson Center de la NASA de Houston gère le segment américain.

Columbus Control Center (Col-CC) – Europe : au centre d'Oberpfaffenhofen de l'ESA, près de Munich en Allemagne ; gère le laboratoire Columbus, est également relié à neuf centres nationaux qui, tel le Cadmos, accueillent les scientifiques lors de la mise en œuvre de leurs expériences : les USOC (User Support and Operations Centres).

La JAXA – Japon : à Tsukuba, près de Tokyo, l'agence d'exploration aérospatiale japonaise abrite le centre de contrôle du laboratoire Kibo.

Les deux centres de l'ASC – Canada : à Saint-Hubert et à Longueuil, au Québec ; suivent et pilotent les activités du bras robotique Canadarm2.

14

LA COLOCATION DU SEMESTRE

Shane nous a fait faire le tour du propriétaire. Il nous a indiqué nos couchettes, prodigué quelques conseils sur la façon de faire sa toilette et, surtout, précisé l'emplacement de chaque équipement de secours. Puis nous sommes partis nous coucher, et j'ai dormi comme un bébé.

Station spatiale internationale, 19 novembre 2017.

Née en 1993 de la fusion des projets Freedom de la NASA et Mir-2 de la Russie, la Station spatiale internationale est l'un des projets scientifiques les plus ambitieux jamais engagés dans le monde. Entre novembre 1998 et mai 2011, elle a été assemblée à la manière d'un Meccano géant : une centaine d'éléments ont été acheminés sur une orbite variant entre 320 et 450 km d'altitude, à l'aide de 45 vaisseaux de tous types : russes, américains, européens, japonais. Avec une longueur de 108 m et une masse totale de plus de 420 tonnes, c'est aujourd'hui la plus grande réalisation de l'homme à évoluer en permanence dans l'espace. Elle est composée d'un segment russe et d'un segment appelé USOS (United States Orbital Segment) réunissant les États-Unis, l'Europe, le Japon et le Canada.

EXPÉDITION 50

Depuis novembre 2000, à 408 km d'altitude en moyenne, ce complexe orbital accueille continuellement des astronautes dont la durée du séjour varie entre 3 et 6 mois. Autrement dit, les enfants nés après novembre 2000 ont toujours eu des êtres humains vivant et travaillant au-dessus de leur tête… Les équipages sont internationaux – dix-huit nationalités différentes ont déjà été représentées – et comportent toujours au moins un Américain et un Russe, en raison de l'importance de l'investissement de ces pays dans le projet. Pour sa part, l'Europe dispose de 8 % du temps à bord, en contrepartie de la fourniture du module Columbus et de cinq vaisseaux-cargos ATV.

Il est prévu que l'ISS reçoive des visiteurs en continu jusqu'en 2024 et serve de laboratoire de pointe pour des recherches en physiologie, sciences de la vie, sciences physiques, sciences de la Terre, technologie ou astrophysique. En attendant que l'homme s'embarque pour des destinations plus lointaines…

Chaque mission, appelée Expédition, constitue un « incrément » dans lequel les équipages se chevauchent trois par trois. Ainsi Oleg Novitski, Peggy Whitson et Thomas Pesquet ont-ils rejoint sur orbite Shane Kimbrough, Andreï Borissenko et Sergueï Ryjikov, pour mener l'Expédition 50 sous le commandement de Shane Kimbrough. Après le retour sur Terre du Soyouz MS-02, le 17 avril, et l'arrivée du Soyouz MS-04 trois jours plus tard (avec le Russe Fiodor Iourtchikhine et l'Américain Jack Fischer), c'est l'Expédition 51 qui va débuter, dirigée par Peggy Whitson. Pour la première fois depuis avril 2003, le troisième siège d'un Soyouz est libre, ce qui va permettre à Peggy Whitson de prolonger son séjour à bord de la Station : au lieu de rentrer à bord du Soyouz MS-03, elle prendra place dans le Soyouz MS-04 en septembre 2017, après avoir participé à la moitié de l'Expédition 52. Soit un séjour dans l'espace de 289 jours, qui porte son expérience à 665 jours en trois missions, et constitue à la fois le record américain et le record féminin mondial.

Une occupation permanente depuis novembre 2000

★

Au 2 juin 2017, l'ISS a accueilli 227 astronautes différents (dont 34 femmes), issus de 18 pays : 143 Américains, 46 Russes, 8 Japonais, 7 Canadiens, 5 Italiens, 4 Français, 3 Allemands, 1 Belge, 1 Brésilien, 1 Britannique, 1 Danois, 1 Espagnol, 1 Kazakh, 1 Malaisien, 1 Néerlandais, 1 Sud-Africain, 1 Sud-Coréenne et 1 Suédois.

Certains astronautes ayant effectué plusieurs séjours (jusqu'à six missions pour deux d'entre eux), on comptabilise 390 passagers au total, pour 51 équipages de longue durée ; 7 passagers payants se sont également offert un séjour – voire deux – à bord de la Station.

Quatorze modules pressurisés

L'ISS, c'est un vaisseau incroyable, grand comme un terrain de football, qui flotte dans l'espace. À l'intérieur, on retrouve les mêmes conditions de vie que sur la Terre, la pesanteur en moins, alors que dehors, c'est le vide et la mort : il fait + 150 °C au soleil et - 100 °C à l'ombre.

Le bloc de base

Il est constitué de deux modules russes.

Zaria (« l'aube », en russe) est le premier élément du Meccano à avoir été mis sur orbite. Il sert essentiellement aujourd'hui au stockage du matériel et du carburant. Il est relié au module de service Zvezda d'une part, et au nœud de jonction Unity d'autre part.

Zvezda (« l'étoile ») est le cœur névralgique de la Station. Ses ordinateurs DMS-R, fabriqués en Allemagne, contrôlent sa trajectoire et les systèmes de support-vie. Ce module contient aussi les systèmes de recyclage de l'air et des eaux usées, et le maintien de l'ensemble du volume habitable à une température normale. C'est le seul module équipé de moteurs capables de rehausser l'orbite de la Station – une tâche généralement attribuée aux vaisseaux-cargos Progress. Ses panneaux solaires fournissent l'énergie électrique du segment russe. Zvezda abrite également la cuisine centrale, deux cabines individuelles de couchage et des toilettes, et possède treize hublots.

Il est muni de trois petits modules – **Pirs** (« ponton »), **Poisk** (« cherche ») et **Rassvet** (« aurore ») – qui peuvent accueillir les vaisseaux Soyouz et Progress, servent de sas pour les sorties extravéhiculaires à l'aide de scaphandres Orlan ou font office de lieu de stockage. Zvezda est ainsi le point de rassemblement des équipages en cas de problème grave (incendie, fuite de gaz, panne majeure...), avant une éventuelle évacuation à bord des vaisseaux Soyouz amarrés en permanence.

Trois adaptateurs

Trois éléments de jonction appelés **PMA** (Pressurized Mating Adapter) existent au sein de l'ISS. Le premier installé, PMA-1, permet d'assurer le passage entre la zone russe et l'USOS qui réunit les éléments américains, canadiens, européens et japonais. PMA-2 et PMA-3, originellement utilisés pour l'amarrage de la navette spatiale américaine, ont été récemment modifiés pour accueillir prochainement des capsules habitées CST 100 Starliner et Crew Dragon, construites et lancées par les sociétés américaines Boeing et SpaceX.

L'ISS EN QUELQUES CHIFFRES

★

Altitude : **398-418 km**
Inclinaison : **51,6°** par rapport à l'équateur
Vitesse : **7,7 km/seconde**
Poids : plus de **420 tonnes**
Volume : 14 modules pressurisés,
soit **1 200 m³** au total
Atmosphère : **80 % d'azote**
et **20 % d'oxygène** à 1 bar
Température à bord : **18-27 °C**
Humidité : **80 %**
Volume sonore : **65 dB**
(l'équivalent du bruit d'une rue animée)
Puissance électrique moyenne : **84 kW**
L'ISS réalise chaque jour **16 tours complets**
autour de la Terre, soit l'équivalent
du trajet Terre-Lune aller et retour.
Environ **7 tonnes de vivres** permettent
à un équipage de **trois personnes**
d'y séjourner durant **six mois**.

Trois nœuds de jonction

Les nœuds de jonction, ou *nodes*, nommés **Unity**, **Harmony** et **Tranquility**, sont des modules pressurisés qui comportent chacun six ports d'amarrage pouvant recevoir un module. Les deux derniers ont été fabriqués en Italie.

Unity abrite une salle à manger et est relié au laboratoire de recherche américain Destiny et à Quest, le sas de sortie emprunté avec les scaphandres EMU. Harmony dispose de quatre chambres à coucher – dont celle de Thomas – et de toilettes. Depuis février 2010, Tranquility accueille l'endroit préféré des astronautes : la Cupola, en grande partie fabriquée en Italie. Cette coupole d'observation pourvue de six hublots sur les côtés et d'une fenêtre centrale zénithale offre une vue à 180° sur la Terre. Avec Destiny, elle loge aussi l'un des deux postes de commande du bras robotisé Canadarm2. Celui-ci, comme son nom l'indique, a été fourni par le Canada pour effectuer de multiples opérations extérieures, allant du déplacement de matériel à la capture de vaisseaux-cargos. Capable de se déployer sur près de 18 m et de se déplacer vers différents points de la Station, Canadarm2 peut être doté d'une main robotisée plus agile et précise, appelée Dextre. Tranquility donne sur le module logistique Leonardo, un espace de stockage long de 6,4 m, également construit par l'Italie. Situé à proximité d'un port d'amarrage, Leonardo constitue un lieu de déchargement idéal lorsque la Station reçoit les vaisseaux-cargos Cygnus, Dragon ou HTV.

Kibō (« espoir »), le laboratoire japonais, a été assemblé à l'occasion de trois lancements de la navette en 2008-2009 et rattaché à Harmony. Il dispose d'un volume de 155 m^3, ce qui en fait la plus grande pièce de la Station, et abrite vingt-trois *racks* (rangements amovibles). Il est équipé d'un lanceur de micro-satellites, d'un vaste module pressurisé pour réaliser des expériences de longue durée, d'un sas pour exposer du matériel sur une plate-forme externe, et d'un bras robotisé de 10 m.

Face à Kibō se trouve le laboratoire européen **Columbus**, mis en service en février 2008 par le Français Léopold Eyharts, avec l'aide de Peggy Whitson, qui commandait à l'époque l'Expédition 16. Ce module de 75 m^3 est, en grande partie, dédié à la médecine spatiale. Le module **BEAM** a été installé en avril 2016 sur Tranquility. D'un volume de 16 m^3, il est en vectran (un matériau deux fois plus solide que le kevlar) et a été développé par la firme américaine Bigelow Aerospace. Il présente la particularité d'être gonflable et préfigure de futurs hôtels orbitaux. Équipé de multiples capteurs, son ouverture n'est pas permanente et il doit encore subir deux ans de tests. Il est ainsi régulièrement visité par les équipages qui viennent le contrôler.

Destiny est, quant à lui, un espace de plus de 120 m^3 en service depuis 2001. Avec son hublot de 51 cm de diamètre, il accueille vingt-trois *racks* pour le matériel scientifique, le centre de communication américain et des équipements de sport.

Enfin, le laboratoire russe **Nauka** (« science »), attendu depuis 2007, est annoncé pour 2018 et serait suivi par l'envoi d'un nouveau nœud de jonction et d'un module énergétique et scientifique appelé NEM. Tous trois seront capables de se détacher de l'ISS quand elle arrivera en fin de vie pour former une petite station russe autonome…

Pas si fouillis que ça

L'ISS est alimentée par huit immenses paires de panneaux solaires orientables, qui s'étendent sur une longueur de 73 m et couvrent 2 500 m^2. Ils ont fourni jusqu'à 110 kW d'électricité – de quoi alimenter cinquante-cinq petites maisons individuelles –, sachant que 30 kW sont nécessaires pour les expérimentations scientifiques. Le fonctionnement de la Station est assuré par une myriade d'ordinateurs, et les astronautes travaillent davantage devant des écrans qu'ils ne manipulent les expériences.

Mais c'est peut-être la gestion du matériel à bord qui impressionne le plus Thomas : « On en a partout : accroché aux murs, au sol et au plafond, rangé sous des panneaux… Ça a l'air fouillis comme ça, mais tout est très bien rangé, en réalité. Il y a des dizaines de personnes au sol et une immense base de données qui nous aident à retrouver ce dont nous avons besoin. Il faut que les membres d'équipage soient attentifs à tout remettre en place après utilisation. » De fait, ce sont plus de 72 000 objets qui sont actuellement recensés à bord du complexe orbital…

15

LA RONDE DES VAISSEAUX-CARGOS

Merci à tous pour vos vœux d'anniversaire !
Le véhicule ravitailleur Dragon vient de m'apporter une bonne surprise : des macarons !
23 février 2017.

Pour respirer, boire, s'alimenter, mais aussi travailler, les occupants de l'ISS ont besoin d'être régulièrement ravitaillés. Tous les deux ou trois mois, des vaisseaux-cargos automatiques sont ainsi expédiés vers la Station depuis la Russie, les États-Unis ou le Japon. En fin de mission, s'ils ne peuvent être récupérés et rapporter au sol des résultats d'expériences ou du matériel à recycler, ils servent de « vide-ordures » : remplis de déchets, ils sont précipités dans l'atmosphère, où ils brûlent... Durant son séjour, Thomas aura vu passer tous les ravitailleurs disponibles sur Terre.

La ronde démarre dès la première semaine sur orbite de Thomas et de ses coéquipiers : le 21 novembre 2016, il s'agit de « relâcher » le vaisseau-cargo américain Cygnus CRS OA-5, amarré à Unity depuis le 23 octobre. CRS OA-5 avait livré un certain nombre d'expériences pour la mission Proxima, comme le mini laboratoire français Declic servant à l'étude des matériaux, ainsi que de la nourriture française et des cadeaux de Noël pour l'équipage.

Les capsules Cygnus constituent l'un des deux systèmes de desserte automatique de l'ISS que la NASA a confiés à l'industrie privée dans le cadre du programme COTS (Commercial Orbital Transportation Services), décidé en 2005-2006. Elles sont construites par la société Orbital ATK, basée en Virginie, dont l'activité principale est la production de munitions et de missiles tactiques. Seule la réalisation du module pressurisé PCM des Cygnus est confiée à la société franco-italienne Thales Alenia Space.

Pour effectuer ces ravitaillements de l'ISS, qui ont débuté en janvier 2014, Orbital ATK a développé son propre lanceur, Antares, mis en œuvre depuis la base de la NASA à Wallops Island, en Virginie. Mais certains lancements ont également lieu avec la fusée Atlas 5 de la société United Launch Alliance, depuis la base militaire de Cape Canaveral, en Floride.

Une explosion qui fait froid dans le dos

Le 1er décembre, le Progress MS-04, 65e vaisseau-cargo russe utilisé depuis le début de l'exploitation de la Station, s'élance de Baïkonour. La mission est confiée au lanceur Soyouz-U, qui effectue pour l'occasion son 786e et avant-dernier vol en quarante-trois ans, affichant un taux de réussite de plus de 97 %. Mais, comme pour rappeler que le risque reste omniprésent dans l'activité spatiale, une explosion se produit après 6 minutes et 22 secondes – d'un vol censé durer 9 minutes –, en pleine poussée du troisième étage…

« Pas de routine dans notre métier, désolé d'apprendre la nouvelle », commente rapidement Thomas, avant de préciser : « La perte du Progress n'aura pas d'impact critique sur ma mission. Dans la Station, on a de quoi tenir plusieurs mois sans ravitaillement, entre nos réserves et ce que nous recyclons. »

Entré en service en 1978 pour desservir la station soviétique Saliout 6, le ravitailleur Progress ressemble à s'y méprendre au Soyouz qui transporte les équipages. Équipé du même système d'amarrage Kours, il est avec l'ATV européen le seul vaisseau-cargo capable de s'amarrer en mode automatique à la Station, sans aide du bras robotique.

L'ATV

★

Aujourd'hui retiré du service, le cargo européen ATV (Automated Transfer Vehicle) a été utilisé à cinq reprises entre mars 2008 et juillet 2014. Il reste à ce jour le plus imposant véhicule spatial jamais développé en Europe (plus de 10 m de long et un diamètre de 4,5 m) et celui qui dispose de la plus grande capacité de fret vers l'ISS (7,6 tonnes). Il était capable de s'amarrer de façon totalement autonome à l'ISS, sans intervention humaine, guidé par des faisceaux laser et avec une précision de l'ordre du centimètre.

L'accident du 1er décembre entraîne la perte de 2450 kg de fret : essentiellement du carburant et des fluides, des provisions pour l'équipage – dont une machine à kéfir (une boisson « probiotique » très faiblement alcoolisée) –, du matériel médical, des équipements pour le module Ravsset, une serre et le premier scaphandre de sortie extravéhiculaire russe de nouvelle génération Orlan-MKS. En revanche, aucune expérience scientifique de la mission Proxima ne se trouvait à bord, et l'attente d'un nouveau ravitaillement sera de courte durée.

Une livraison retardée de trois mois

Le 13 décembre, Thomas Pesquet et Shane Kimbrough, installés dans la Cupola aux commandes du bras Canadarm2, capturent le vaisseau-cargo japonais HTV-6, qui avait décollé quatre jours plus tôt de l'île de Tanegashima, dans le sud du Japon. L'amarrage final est assuré par les équipes de contrôle au sol.

Inauguré en 2009, HTV (pour H-2 Transfer Vehicle) est également appelé Kounotori (« la cigogne blanche », en japonais). Depuis 2011, il est lancé une fois par an vers l'ISS et il est capable d'apporter 6 tonnes de fret, soit deux fois plus qu'un Progress. HTV-6 achemine en particulier six nouvelles batteries externes. Leur installation sous les panneaux solaires de la Station aurait dû être assurée lors d'une sortie extravéhiculaire à laquelle participait l'astronaute japonais Takuya Onishi, qui a précédé Thomas dans l'ISS, mais HTV-6 a été immobilisé durant trois mois, une fuite d'hélium ayant été découverte à l'intérieur du module de propulsion et de contrôle. Et entre-temps, Takuya était rentré sur Terre…

HTV-6 est resté amarré à Harmony jusqu'au 27 anvier 2017. Quatre jours plus tard, le Progress MS-03, amarré au module Pirs depuis le 19 juillet 2016, est précipité au-dessus du Pacifique.

Le 23 février, la capsule américaine Dragon CRS 10 se présente à son tour aux côtés de l'ISS, délicatement saisie par le duo d'astronautes franco-américain. Dragon, qui dessert régulièrement l'ISS depuis mai 2012, est construite et lancée par SpaceX, l'autre société américaine privée – créée en 2002 par le milliardaire Elon Musk – à qui la NASA a confié la desserte automatique de la Station. Cette start-up californienne est devenue un poids lourd mondial grâce à sa fusée Falcon 9, entrée en service en juin 2010. SpaceX a aussi été remarquée par ses tentatives de récupération et de recyclage des éléments du premier étage libérés lors des lancements.

L'envol de Dragon CRS 10 a eu lieu quatre jours plus tôt depuis le Centre spatial Kennedy, en Floride. Mais plusieurs problèmes sont venus jouer les trouble-fêtes lors de ce ravitaillement. De petites avaries techniques ont entraîné deux reports de tir consécutifs de 24 heures, le décollage devant toujours avoir lieu à une heure précise afin de garantir un parfait alignement avec l'ISS. Puis le cargo a été victime d'une défaillance de son système de positionnement, entraînant une nouvelle journée de retard avant l'approche finale… Il restera fixé un peu moins d'un mois à la Station et près de 2,5 tonnes de fret se trouvent à son bord: du ravitaillement et des effets personnels – comme le saxophone de Thomas, qui lui sera caché jusqu'à son anniversaire –, du matériel de rechange pour la Station, de nouvelles expériences scientifiques (dont Energy et Fluidics pour Proxima) et un spectromètre. Ce dernier, baptisé Sage III (Stratospheric Aerosol and Gas Experiment), a été développé par le centre Langley de la NASA dans le cadre d'un programme d'observation de la Terre. L'instrument a une masse de 527 kg et comporte un système de pointage destiné à compenser les variations d'orientation de la Station pendant cinq ans. Il doit aussi surveiller la distribution verticale des aérosols, de l'ozone et autres traces de gaz dans la stratosphère et la troposphère de notre planète. Installé sur la poutre de la Station, il fournit des mesures globales de la température dans la stratosphère, signalant des traces de gaz comme la vapeur d'eau et le dioxyde d'azote, éléments clés pour étudier les changements climatiques.

Le 24 février, moins de vingt heures après l'arrivée du Dragon CRS-10, c'est cette fois le Progress MS-05 qui s'amarre au module Pirs après deux jours de voyage. Il apporte de la nourriture, 50 litres d'oxygène, 420 litres d'eau, 700 kg de carburant et un nouveau scaphandre Orlan-MKS. Les fluides seront « pompés » en fonction des besoins jusqu'à la séparation du vaisseau-cargo, le 20 juillet.

La plus lourde cargaison scientifique

Enfin, un quatrième ravitailleur décolle le 18 avril : Cygnus CRS OA-7, baptisé « S.S. John Glenn » en l'honneur du premier Américain sur orbite, disparu le 8 décembre 2016. Son lancement intervient après quinze semaines d'immobilisation : initialement prévu pour le 30 décembre, il a été reporté à plusieurs reprises en raison de problèmes hydrauliques sur le lanceur et d'avaries techniques d'équipements au sol. Il rejoint la Station le 22 avril, laissant la priorité au Soyouz MS-04, lancé deux jours plus tôt avec à son bord la seconde partie de l'équipage Expédition 51. Sa saisie est assurée par Thomas Pesquet, assisté de Peggy Whitson.

Ce vaisseau-cargo apporte près de 3 400 kg de fret répartis entre des effets pour l'équipage, des pièces pour les scaphandres de sorties extravéhiculaires, de l'outillage russe, des éléments informatiques et surtout la plus lourde cargaison scientifique jamais embarquée sur un cargo privé (940 kg). Elle comporte notamment l'instrument de physiologie PFS (Pulmonary Function System) et un kit d'extrêmophiles de l'ESA, des probiotiques pour l'expérience Yakult, du matériel pour le four ELF (Electrostatic Levitation Furnace) de l'Agence spatiale japonaise, plusieurs expériences américaines portant sur les rongeurs, la culture de cellules 3D magnétiques, des anticorps contre les cellules cancéreuses, l'ostéopénie (baisse de l'intensité osseuse), les extrémités des chromosomes (télomères), la croissance des plantes (Veggie) et les cristaux semi-conducteurs…

CRS OA-7 est libéré de l'ISS le 4 juin, avec près de 1,5 tonne de déchets. Comme lors de la précédente mission d'une capsule Cygnus, une expérience d'incendie volontaire, Saffire-3 (Spacecraft Fire Safety Experiment-3), est menée à son bord avant la rentrée dans l'atmosphère, afin d'étudier les limites de résistance au feu de différents matériaux en micropesanteur. Le plongeon final de la capsule est lui-même étudié en détail pour améliorer la précision des prévisions de désintégration d'objets dans l'atmosphère (expérience Red-Data2).

4 cargos pendant Proxima

★

HTV-6 (5,9 tonnes de fret) lancé par H-2, amarré à Harmony le 13 décembre 2016 et libéré le 27 janvier 2017.

Dragon CRS 10 (2,5 tonnes de fret) lancé par Falcon 9, amarré à Harmony le 23 février et libéré le 19 mars 2017.

Progress MS 05/66P (2,4 tonnes de fret) lancé par Soyouz-U, amarré à Pirs le 24 février et libéré le 20 juillet 2017.

Cygnus OA 7 (3,4 tonnes de fret) lancé par Atlas 5, amarré à Unity le 22 avril et libéré le 4 juin 2017.

16

UN QUOTIDIEN EXTRATERRESTRE

C'est le côté magique de la mission :
on peut voler comme Superman !

Pour que des astronautes puissent séjourner durant plusieurs mois dans ce milieu hostile qu'est l'espace, il faut leur recréer un environnement vivable (respirable, tempéré et sain) et dans lequel leurs besoins vitaux – boire et manger régulièrement et de manière équilibrée, éliminer ou encore se laver – soient convenablement assurés. Mais il s'agit également de permettre à l'équipage de travailler, de se distraire et de se reposer.

POUR LE MEILLEUR OU POUR LE PIRE

Nous avons tous en tête l'image du capitaine Haddock stupéfait de voir son whisky s'échapper du verre dans l'album *Objectif Lune* ! C'est le plus connu des effets de la micropesanteur : les astronautes et tous les objets qui les entourent flottent, se trouvant en perpétuelle chute libre et débarrassés de leur poids, tandis que les liquides se mettent en boule. Il suffit de s'appuyer sur un meuble ou une paroi pour s'élancer et traverser toute une pièce, et des objets incroyablement lourds sur Terre peuvent être transportés sans aucun effort. Mais évoluer dans les trois dimensions demande une période d'adaptation, reconnaît le Français : « Les premiers jours à bord, on est un peu désorienté et malhabile, ce qui n'était pas le cas dans les maquettes d'entraînement au sol. Il faut apprendre à maîtriser ses déplacements et à ne pas prendre trop de vitesse, car autrement on se cognerait constamment… » Si l'expérience de voler « comme un papillon » est magique, voire addictive, la micropesanteur a ses inconvénients, et des gestes basiques ou naturels sur Terre deviennent soudain très compliqués.

« Ici, on flotte, pour le meilleur ou pour le pire », résume Thomas. À table, tout doit être accroché sous peine de voltiger à travers l'habitacle ; les aliments sont généralement gélatineux et compacts, avec des sauces épaisses qui accrochent bien à la cuillère… Pas de sucre en poudre, mais du sel et du poivre sous forme liquide, dans des flacons souples munis de buses de distribution. Les boissons sont enfermées dans des sachets hermétiques équipés de petits robinets qu'il faut bien penser à refermer après utilisation, sinon le liquide risque de s'échapper entre deux gorgées. Enfin, toutes les miettes doivent être aspirées, pour éviter qu'elles aillent dans les yeux et les voies respiratoires des astronautes, mais aussi dans les appareils de bord, la ventilation et les moindres recoins, où de la moisissure pourrait se développer.

Une journée type à bord de l'ISS

★

Les astronautes se « lèvent » généralement à 6h30 (heure de la Station), et leur journée de travail s'étale entre 8 heures et 19h30. Une inspection des installations précède le petit déjeuner, et la pause déjeuner intervient vers 13 heures. Deux séances de sport par jour sont planifiées, une le matin et l'autre l'après-midi. Les tâches s'achèvent à 19h30 pour laisser place au dîner et à une dernière réunion de l'équipage jusqu'à 21h30. Puis arrive leur temps libre. Sauf activités exceptionnelles (arrivée de vaisseau-cargo ou EVA), les journées de travail durent donc une dizaine d'heures en semaine ; le samedi matin est consacré au nettoyage et seul le dimanche est libre.

À table !

Au quotidien, un astronaute qui séjourne à bord de l'ISS a besoin de 15 m^3 d'air, de 3 litres d'eau et d'un apport nutritif de 2 000 calories au minimum. Il respire le même mélange gazeux que sur Terre, à la même pression (1 bar). Un puissant système de ventilation permet de brasser l'air, qui a tendance à rester immobile en micropesanteur. Cela évite l'accumulation de dioxyde de carbone autour d'eux, notamment durant leur sommeil.

En six mois, un astronaute consomme 540 repas, à raison de trois par jour, auxquels s'ajoute une collation. L'eau consommée provient en partie du recyclage des urines et de l'eau de condensation issue de leur respiration et de leur transpiration... Les eaux usées ainsi récupérées et filtrées peuvent être recyclées cinq fois de suite.

En l'absence de réfrigérateur, les produits frais sont rares et consommés rapidement après leur livraison. Les réserves de produits longue conservation sont prévues pour plusieurs mois et régulièrement renouvelées à l'aide des vaisseaux-cargos automatiques. Chaque plat peut être stocké au moins deux ans à température ambiante. Un choix important permet de varier les menus. Équilibrés et sains, ils sont établis en fonction des goûts de chacun, avec les conseils d'un diététicien, et conçus pour éviter tout risque de contamination bactérienne. Les Américains disposent de près de 200 références de plats et de boissons et les Russes environ 120. Les équipages se répartissent l'organisation des repas plus festifs, comme le précise Thomas : « Moi, je suis chargé du jour de l'an, Peggy de Thanksgiving et Oleg a décidé qu'il était en charge de tout goûter ! »

Pour peser le moins possible, prendre le minimum de place et se conserver longtemps, la nourriture est généralement déshydratée et lyophilisée. Les mets sont confectionnés et conditionnés avant le vol dans des laboratoires stériles et emballés dans des pochettes transparentes souples. À bord de la Station, ils sont « reconstitués » en ajoutant de l'eau chaude ou à température ambiante. Des repas précuisinés en sauce sont également disponibles. Portés à ultra haute température durant leur préparation au sol et emballés dans d'épaisses pochettes en aluminium, ils sont réchauffés au four par les astronautes. S'y ajoutent quelques aliments comestibles sans ajout d'eau ni cuisson : fruits secs, barres de céréales, biscuits, friandises… Pour les 39 ans de Thomas, le 27 février 2017, des macarons sont venus compléter le menu. Quant au réveillon 2016, c'est le chef étoilé Thierry Marx qui s'en est occupé : langue de veau au foie gras, poularde au vin jaune et pain d'épices aux pommes rôties !

Les boissons (café noir ou au lait, thé, infusions, jus de fruits, limonade…) et les soupes sont elles aussi déshydratées et livrées en sachets. L'eau ajoutée est toujours chaude ou tiède, au grand dam des Américains, grands amateurs de breuvages glacés.

Hygiène et besoins naturels

Dans l'ISS, les astronautes se salissent rarement et, hormis lorsqu'ils font du sport ou une sortie extravéhiculaire, ils transpirent peu. Ils portent donc leurs vêtements le plus longtemps possible : une semaine pour des chaussettes, deux semaines pour un T-shirt… La Station ne disposant pas de machine à laver (trop gourmande en eau), ils déposent leur linge sale avec leurs poubelles, dans les vaisseaux-cargos.

Pas de douche à bord non plus, toujours par souci d'économie, mais aussi parce que l'eau a tendance à se répandre partout sous forme de petites gouttes. On se lave donc le corps à l'aide de lingettes jetables aux propriétés désinfectantes, les cheveux avec du shampoing sec et le brossage des dents s'effectue avec du dentifrice comestible. On s'essuie avec des serviettes mises à sécher près des bouches d'aération. Enfin, quand ils se rasent ou se coupent les cheveux, un petit aspirateur accompagne la manœuvre.

La question des besoins naturels demeure la plus intrigante. Les deux toilettes de la Station sont équipées d'une étroite cuvette sans eau, d'une dizaine de centimètres de diamètre (c'est trois fois moins large que sur Terre). Elles disposent d'un système d'aspiration qui empêche les déjections de s'envoler. Pour la petite commission, l'astronaute utilise un tuyau équipé d'une sorte d'entonnoir personnel. Pour la grosse commission, il s'assied sur la cuvette et se maintient à l'aide de poignées, d'«étriers» ou de courroies. L'opération dure une dizaine de minutes de plus que sur Terre; les astronautes ont eu droit à un entraînement avant le vol, afin d'apprendre à bien viser grâce à une petite caméra vidéo. Les selles sont stockées dans un réservoir et jetées avec les vaisseaux-cargos envoyés brûler dans l'atmosphère. Si les toilettes tombent en panne, l'équipage utilise des couches absorbantes, identiques à celles des bébés.

Un sommeil réparateur

Bien que leur corps se fatigue moins en micropesanteur que sur Terre, nos aventuriers de l'espace ont besoin de repos. Ils dorment entre cinq et huit heures par « nuit ». Chaque membre d'un équipage permanent de l'ISS dispose d'un compartiment individuel, vertical ou horizontal, légèrement isolé du reste de la Station et parfois équipé d'un hublot. Il le décore à son gré, avec des photos et des objets personnels – Thomas y a ainsi installé le calendrier de l'Avent que lui a envoyé sa compagne à l'occasion d'un ravitaillement.

Pour éviter de dériver durant leur sommeil, les astronautes se glissent généralement dans un sac de couchage fixé le long d'une paroi. Ils utilisent des masques de sommeil pour se protéger de la lumière ambiante, et des bouchons d'oreilles ou des écouteurs pour s'isoler davantage du bruit. Certains démontent le siège de leur vaisseau de retour (moulé à leur taille) et se sanglent solidement dedans, pour retrouver la sensation de poids ressentie sur un matelas. Seuls les passagers qui effectuent des séjours courts n'ont pas d'espace réservé. Ils choisissent un recoin de la Station pour s'y installer au calme.

Temps libre

En matière de détente, les membres de l'équipage lisent, regardent des films sur ordinateur ou jouent de la musique. Ils s'amusent aussi régulièrement avec les effets de la micropesanteur, manipulant des bulles de liquide ou des billes aimantées et pratiquent des activités inattendues, fléchettes, ping-pong ou football. Ils ont également accès à Internet et peuvent suivre les grands événements sportifs en direct, comme le fait Thomas, passionné par le tournoi des Six Nations.

Quelle heure est-il ?

★

À bord du Soyouz et de l'ISS, le fuseau horaire international est en vigueur : le Temps Universel Coordonné (UTC) a remplacé le Temps Moyen de Greenwich (GMT). Les équipages se calent sur cet horaire avant leur départ de Baïkonour, mais leurs interlocuteurs dans les centres de contrôle ou les laboratoires au sol sont parfois décalés. Les équipes russes sont mobilisées de 9h30 à 0h30, heure de Moscou, alors qu'à Houston le suivi doit démarrer en pleine nuit, à 0h30 heure locale, pour se terminer à 15h30. On demande alors aux équipages de travailler dans la partie russe en début de journée, puis de passer dans le laboratoire américain. Pour le module Columbus, les Européens ont la chance de n'avoir qu'une heure de décalage avec la Station.

Ils restent en contact avec leurs proches par mail – une quinzaine de personnes seulement ont la possibilité de leur écrire –, par radioamateur ou par téléphone. Grâce à ce dernier, ils peuvent appeler n'importe qui depuis la Station, à tout moment de la journée et surtout gratuitement. Mais ils sont injoignables depuis la Terre, sauf par le biais des contrôleurs de vol.

Leur passe-temps favori demeure celui d'admirer la Terre qui défile sous leurs yeux. Depuis l'ISS, la vue porte sur près de 2 000 km : au-dessus de l'Europe, le regard embrasse une portion du continent allant de l'Espagne à la Suède. Mais à 28 000 km/h le paysage défile très vite, et il faut bien se préparer si l'on cherche à faire des vues particulières : il suffit de deux minutes pour survoler la France, quand dix minutes auparavant la Station se trouvait encore au-dessus du Canada. En quelques semaines, les astronautes connaissent parfaitement la géographie du globe et sont capables de reconnaître au premier coup d'œil la région qu'ils survolent, rien qu'à sa couleur. Ils observent régulièrement de grands phénomènes naturels (ouragans, aurores polaires, éruptions de volcans) et les sombres effets de la pollution sur Terre. Depuis leur vigie imprenable, tous sont frappés par la fragilité de notre planète et convaincus de la nécessité de la protéger.

Thomas Pesquet, qui a emporté avec lui l'Accord de Paris sur le climat, adopté en 2015 et confié par François Hollande, confirme cette prise de conscience : « J'aimerais que tous les décideurs voient le spectacle de la Terre depuis l'espace. Les frontières disparaissent et la vision des effets de l'activité humaine sur notre environnement est immédiate. On prend conscience de sa fragilité. C'est bien plus parlant que des séries de chiffres, dont les échelles nous dépassent. Notre planète n'est ni plus ni moins qu'un énorme vaisseau spatial aux ressources limitées, avec un équipage de sept milliards de personnes. Pour que le voyage continue correctement, il nous faut cohabiter en bonne intelligence et l'entretenir, comme nous le faisons avec l'ISS. »

6 MOIS DANS L'ISS, C'EST...

★

- 2 928 levers et couchers de soleil (contre 366 sur la Terre)
- Plus de 350 heures de sport et au moins 500 km parcourus sur tapis roulant
- 370 litres d'eau bue par personne
- 200 kilos d'excréments produits
- Une exposition aux radiations équivalant à celle subie en 2 000 vols Paris-New York

17

C'EST GRAVE, DOCTEUR ?

L'état de micropesanteur a de nombreuses répercussions sur notre corps. Certains effets sont assez visibles, comme la perte musculaire. D'autres sont plus difficiles à observer, comme les modifications de la perception ou de notre ADN.

Lors de sa première conférence de presse, réalisée en direct le 23 novembre, Thomas apparaît souriant et à l'aise au milieu du laboratoire Columbus. Il a les joues et les yeux légèrement gonflés, mais assure que c'est tout à fait normal (du fait de la nouvelle répartition des fluides dans son organisme) et que cela va se résorber en quelques semaines. « Personne n'a été malade durant le voyage et je me sens parfaitement bien », précise-t-il.

L'équipage du Soyouz MS-03 a donc été épargné par le « mal de l'espace », dont pourtant trois astronautes sur quatre sont victimes lors des premières heures passées en orbite, malgré une intense préparation physique. Différents symptômes – mal au cœur, vertiges, sudation, léthargie… –, tous comparables au mal des transports sur la Terre, peuvent surgir. Les nausées peuvent être amoindries, voire supprimées par la prise de médicaments.

Effets secondaires

La première modification physique visible dans l'espace est due à un changement dans la répartition des fluides (eau et sang en particulier), qui se concentrent dans le haut du corps. C'est l'équivalent d'une bouteille de 2 litres qui remonte des jambes vers la tête : les astronautes se retrouvent immédiatement avec le visage bouffi, le cou épaissi… L'effet est rapidement compensé mais, à long terme, cela peut toucher 22 % du volume sanguin. Le cœur, qui a donc moins de sang à pomper et n'a plus à contrebalancer la pression hydrostatique, s'atrophie de près de 10 % et s'arrondit, tandis que le nombre des globules rouges diminue. L'anémie guette et le système immunitaire s'affaiblit.

La vision se trouble également au début, en raison de l'augmentation de la pression à l'intérieur du crâne, qui appuie sur le cerveau et l'arrière des globes oculaires. Les rythmes biologiques sont perturbés, tout comme le goût et l'odorat, qui se retrouvent presque annihilés : les aliments doivent être davantage salés, sucrés ou épicés, sous peine de paraître fades. Faute d'être sollicités, les muscles s'affaiblissent, comme quand on reste longtemps alité. Cela provoque un amaigrissement des jambes, qui ressemblent à des pattes de poulet au bout de quelques semaines. Les os sont fragilisés par les modifications du fonctionnement des cellules. Du fait de la disparition de la pression sur les disques intervertébraux, la colonne vertébrale, elle, s'étire : les astronautes grandissent – quatre centimètres en ce qui concerne Thomas –, et certains se plaignent de mal de dos. Leur taille reviendra à la normale en quelques jours une fois de retour sur Terre.

340 JOURS D'AFFILÉE

★

Entre le 27 mars 2015 et le 2 mars 2016, l'Américain Scott Kelly et le Russe Mikhaïl Kornienko ont séjourné 340 jours à bord de l'ISS, dans le cadre de la mission Year In Space (Année dans l'espace). C'est actuellement le plus long séjour à bord de l'ISS. Près de 400 expériences ont été pratiquées sur Scott Kelly. Il s'agissait d'étudier les effets physiologiques et psychologiques d'un séjour prolongé dans l'espace et de comparer deux individus au patrimoine génétique identique (expérience Twins Study ou Étude des jumeaux) : Mark Kelly, frère jumeau de Scott et ancien astronaute, servait de témoin au sol. Ce vol a été particulièrement médiatisé mais n'a pas battu le record détenu par le Russe Valéri Poliakov à bord de l'ancienne station Mir : 14 mois d'affilée entre 1994 et 1995.

La Station évoluant au-delà des couches denses de l'atmosphère, ses occupants sont également bien plus exposés aux radiations solaires ou cosmiques que des pilotes de ligne qui évoluent à une altitude de 10 km. Les conséquences sur le corps humain, dont les tissus sont traversés par les rayonnements, peuvent être lourdes :

affections du système immunitaire, augmentation des risques de cancer, mutations génétiques… Enfin, les défis psychologiques sont nombreux : stress de la mission, milieu confiné pendant une longue période, cohabitation, différences de culture, éloignement de sa famille – sans compter la monotonie, voire l'ennui qui s'installe…

« Même si on arrive à rester en contact, au téléphone ou par e-mail, ce qui me manque le plus, clairement, ce sont mes proches et ma compagne, confie Thomas, interrogé sur l'antenne d'Europe 1 le 12 janvier 2017, à l'approche du troisième mois de mission. En deuxième lieu, j'aimerais être un peu dehors, pratiquer des sports de plein air, aller à la montagne, à la mer… Bref, un tas de choses que j'avais l'habitude de faire sur Terre. »

L'astronaute Scott Kelly, qui a séjourné près d'un an à bord de l'ISS en 2015-2016, a quant à lui remarqué un effet positif et agréable du maintien prolongé en micropesanteur : « Nous n'utilisons pas le dessous de nos pieds. Ainsi, après cinq mois passés dans l'espace, vous avez des pieds de bébé ! »

Exercice vital

Pour rester en forme, dans l'espace comme sur Terre, un astronaute doit boire et manger régulièrement et de façon équilibrée. Mais si la durée du séjour orbital dépasse deux semaines, il doit aussi s'astreindre à des exercices, à raison de deux heures par jour en moyenne. L'enjeu est vital : il s'agit d'empêcher que l'organisme ne soit trop modifié par l'état de micropesanteur et qu'il oublie la pesanteur terrestre.

Pour éviter l'atrophie, il faut faire travailler le cœur, moins sollicité, et les muscles devenus inutiles dans l'espace – en particulier ceux des membres inférieurs. Les équipages doivent également préserver leur force physique et leur endurance pour assurer les sorties extravéhiculaires.

Marathon (space)man

★

Le 24 avril 2016, l'astronaute britannique Tim Peake a participé au 36e marathon de Londres depuis l'ISS, bouclant les 42,2 km réglementaires en 3 heures 35 minutes et 21 secondes, sanglé sur son tapis roulant – le vainqueur de l'épreuve, sur Terre, a mis pour sa part 2 heures 3 minutes et 5 secondes. Une performance enregistrée par le Guinness des Records, au titre du marathon le plus rapide effectué sur orbite. Le précédent record avait été établi par l'astronaute américaine Sunita Williams, la première à avoir couru un marathon depuis l'ISS, lors de la course de Boston en 2007. Elle détient désormais le record féminin.

Ils pratiquent ainsi la course à pied sur un tapis roulant TVIS (Treadmill Vibration Isolation System) surmonté de harnais élastiques pour les maintenir collés au sol. Courir avec ce système est assez difficile et devient même très inconfortable, voire douloureux, au-delà de quarante minutes… Les astronautes disposent aussi du vélo ergomètre CEVIS (Cycle Ergometer with Vibration Isolation System), dépourvu de roue. Enfin, l'imposant appareil de musculation ARED (Advanced Resistive Exercise Device) fait travailler différentes parties du corps selon qu'il est utilisé avec une barre, un câble ou un harnais. Il permet de fortifier les muscles des bras, des mains, du torse, du dos et des cuisses.

Malgré tout, lors d'un séjour de plusieurs mois, un astronaute perd environ 10 % de sa masse osseuse et 20 % de sa masse musculaire, et la réadaptation à la pesanteur terrestre prend plusieurs semaines. La natation est un bon moyen pour remuscler le dos. Malgré les 390 heures qu'il a passées à faire du sport durant son séjour orbital, Thomas aura pour sa part perdu 7 kg de muscles, et ses artères seront semblables à celles d'un homme de 60 ans… Mais heureusement, toutes ces modifications sont réversibles.

Premiers secours

Pour soigner les petits maux et blessures des astronautes, l'ISS dispose d'une armoire à pharmacie très complète, et au moins deux des membres de l'équipage ont suivi une formation médicale d'urgence : c'est le cas de Thomas et de ses collègues, qui savent faire des piqûres ou des points de suture. Ils se sont même entraînés au massage cardiaque, geste périlleux dans l'espace, faute de pesanteur. La solution trouvée est simple : les pieds au « plafond », sanglés, pour effectuer une pression des mains sur la poitrine de la victime, posée au « sol ».

En cas de besoin, l'équipage pourrait rentrer sur Terre en quelques heures grâce au vaisseau Soyouz. C'est pour cette raison qu'il y a toujours au moins autant de places dans les vaisseaux Soyouz amarrés à l'ISS que d'astronautes à bord de la Station.

18

LA SCIENCE AU CŒUR DE LA MISSION

Travailler avec Thomas, c'est simple : il est sympa, motivé, et il a à cœur de réussir les expériences.

Sébastien Barde, responsable du Cadmos,
le 20 décembre 2016, à l'issue de la troisième séance Mares.

Entre le 20 novembre 2016 et le 30 mai 2017, les Expéditions 50 et 51 doivent mener environ cent vingt expériences scientifiques à bord des modules de recherche américain, européen et japonais. La science représente l'activité principale des astronautes, devant les opérations de maintenance de la Station, la gestion des vaisseaux-cargos de ravitaillement ou encore les sorties extravéhiculaires. Thomas est particulièrement impliqué dans les expériences européennes et françaises, menées en liaison avec le Cadmos à Toulouse, dans le cadre de sa mission Proxima. Son investissement et sa disponibilité forcent l'admiration de tous.

Au travail à peine installé

Pour le Français, le travail scientifique démarre dès le lendemain de son arrivée à bord. Il lance aussitôt **Aquapad**, une nouvelle expérience de microbiologie développée par le Cadmos et destinée au support-vie. Thomas injecte 1 ml d'eau sur un substrat sec (une sorte de coton absorbant) imprégné d'une poudre réactive. Au bout de 48 heures d'incubation, si cette eau comporte des bactéries, des points de couleur apparaissent sur le substrat. Leur photographie *via* une application pour tablette permet ensuite de calculer automatiquement et rapidement le nombre de colonies présentes, d'en obtenir une quantification précise et sans équivoque, et de déterminer la potabilité de l'eau à bord de l'ISS. La simplicité et la rapidité de ce processus feront gagner un temps précieux aux astronautes, qui utilisaient jusqu'alors un dispositif long et encombrant. Aquapad pourrait également avoir des applications terrestres à large portée, en facilitant l'accès à l'eau potable des populations qui en sont privées, ou en diagnostiquant la qualité de l'eau après une catastrophe naturelle. L'expérience fait l'objet de quatre séances de travail, et se poursuivra, après le départ de Thomas, avec d'autres astronautes, dont Peggy.

Le 21 novembre, Thomas met en œuvre l'expérience **Matiss**. Proposée par le Cadmos et l'Institut de médecine et de physiologie spatiales Medes, elle est constituée de quatre porte-échantillons contenant chacun cinq surfaces hydrophobes et une surface témoin. Ils sont fixés dans différents recoins du laboratoire Columbus, sur les lieux de passage de la Station et près des bouches d'aération. Les échantillons seront récupérés à la fin du séjour et ramenés sur Terre avec Thomas. L'objectif est cette fois de tester de nouvelles matières innovantes qui empêchent l'eau – et donc les bactéries qu'elle contient – d'adhérer : les microbes ne peuvent plus ni se poser ni proliférer. Matiss doit fournir des solutions optimisées de décontamination de l'ISS, ce qui permettra à l'équipage de gagner du temps car cette tâche est aujourd'hui réalisée manuellement. Dans le futur, ces surfaces intelligentes pourraient participer à l'élaboration de vaisseaux d'exploration lointaine et, sur Terre, servir de revêtement dans les hôpitaux pour préserver certains locaux de toute multiplication microbienne.

Les principales expériences de Thomas

★

- 30 expériences américaines
- 20 expériences européennes dont 7 Françaises (64 jours d'opérations en liaison avec le Cadmos)
- 6 expériences japonaises
- 4 expériences canadiennes

Première mondiale

Avec **Echo**, Thomas réalise une première mondiale : manipuler à bord de la Station un échographe entièrement téléopéré depuis le sol. Dans la lignée des expériences de physiologie cardiovasculaire menées par le CNES dans l'espace depuis le vol de Jean-Loup Chrétien en 1982, ce nouveau modèle d'échographe miniature (48 cm de côté et 21 cm de haut pour une masse de 10 kg) a été livré par le cargo HTV-6 et installé à bord du laboratoire Columbus. Il permet aux médecins rassemblés au Cadmos de contrôler les mouvements les plus fins de la sonde robotisée, et de recevoir en retour une image de haute qualité. Du côté de l'astronaute, des connaissances minimales en anatomie suffisent pour placer la sonde sur la zone à examiner.

Les domaines de recherches dans l'ISS

★

Physiologie – Sciences de la vie
Sciences physiques – Sciences de la Terre – Astrophysique
Technologie

Les essais, retardés de quelques heures à cause d'un problème de connexion, se concentrent sur l'observation de la veine porte, de la thyroïde ou encore de la carotide de Thomas. Les experts dirigent la sonde, effectuent les réglages de l'appareil et sélectionnent les différentes fonctions (Doppler, couleur…). Sur Terre, un tel équipement devrait trouver toute son utilité dans le domaine de la télémédecine et la gestion médicale des zones isolées : seule la présence d'un assistant, capable d'accompagner le patient et de gérer l'interface entre le système et le radiologue, sera nécessaire sur place.

Au service des neurosciences

Autre expérience de physiologie humaine imaginée par le Cadmos et Medes, **Perspectives** s'intéresse au bouleversement des repères spatiotemporels et des fonctions cognitives des passagers de l'ISS. En raison de l'absence de pesanteur, ils perdent en effet les notions de « haut » et de « bas » tout comme les positions « debout » ou « assis », alors que leur cerveau cherche à commander avec précision les mouvements du corps. Pour les besoins de cette expérience, un casque occultant stéréoscopique plonge le sujet – retenu par des sangles, pour éviter qu'il ne dérive – dans une réalité virtuelle choisie. L'appareil quantifie les réponses et les perturbations de la perception du temps et de l'espace subies par l'astronaute qui suit des consignes comme lever un bras, tourner la tête, orienter ses mains… Perspectives analyse la manière dont le système nerveux central s'adapte à un nouvel environnement. Ce dispositif peut être associé à d'autres recherches sur la physiologie humaine menées à bord de la Station, comme Grasp (qui teste les réactions du cerveau à des repères visuels) ou Time Perception (dédiée à la perception du temps qui passe).

Sur Terre, les résultats obtenus pourraient servir à corriger les problèmes d'équilibre et de motricité.

De l'espace à l'océan

Conçue, financée et développée par le CNES et l'industriel Airbus Defence and Space, **Fluidics** s'intéresse quant à elle au ballottement des fluides et aux turbulences d'ondes en micropesanteur. Le dispositif se présente sous la forme d'une petite centrifugeuse (56 cm de diamètre et une masse de 26 kg) qui accueille trois sphères transparentes en polycarbonate, remplies de liquides différents. Chacune correspond à un objectif scientifique distinct. La machine peut fonctionner à des vitesses et des fréquences variables, ainsi que dans un mode oscillatoire. L'expérience, fortement éclairée, est filmée par deux caméras intégrées, tandis que des capteurs sensibles mesurent les effets de chaque mouvement sur les liquides. L'intervention de l'astronaute est minime : il effectue le montage de l'appareil, installe les sphères et lance les tests à l'aide d'un ordinateur et d'un logiciel dédiés. La séance se déroule alors de façon autonome durant une heure et demie. Enregistrées sur le disque dur de Fluidics et rapportées au sol par Thomas, les données seront analysées et comparées à des modèles de simulation numérique. Elles permettront de mieux appréhender les ballotements d'ergols des engins spatiaux : en micropesanteur, ces carburants forment des « bulles » et se déplacent dans les réservoirs lors des manœuvres des satellites ou des lanceurs, risquant de perturber la précision de leur guidage.

Plus largement, les données de Fluidics pourraient également améliorer la compréhension du fonctionnement des océans et la manière dont se forment la houle et les vagues, notamment les vagues scélérates, particulièrement imprévisibles et dangereuses.

La fierté de Thomas

Sarcolab 3 et la « chaise » **Mares** qui lui est associée (voir chapitre 8) constituent l'une des expériences physiologiques les plus poussées à bord de l'ISS. C'est probablement la manipulation la plus complexe et la plus fastidieuse qui ait été confiée à Thomas, assisté de Sergueï. Son installation, prévue sur deux heures, va faire partie des moments marquants de la mission. Alors que le créneau alloué arrive à son terme, un souci de connexion réseau empêche le bon fonctionnement de Mares. Dans la salle de contrôle, la déception commence à poindre : des années de travail compromises par un petit bout de câble réseau récalcitrant… Mais Thomas rompt le silence : « Il faut continuer et terminer ce travail, je ferai ma pause repas plus tard, je ne suis pas ici pour faire un pique-nique ! » Hélène Ruget, l'une des responsables de l'expérience au Cadmos, ne cache pas sa joie. Quarante-cinq minutes plus tard, la connexion est rétablie et Mares fonctionne de façon « nominale ». « Cela faisait longtemps que nous avions le matériel à bord, mais nous n'arrivions pas à l'utiliser, raconte Thomas. Cela m'a pris presque une semaine entière, mais nous y sommes parvenus, et nous avons pu effectuer trois sessions complètes. Paolo Nespoli va pouvoir s'en servir durant son vol, et certainement Alexander Gerst l'année prochaine. C'est un grand sentiment de satisfaction professionnelle. »

Assistant personnel connecté

Plusieurs expériences de la mission Proxima sont associées au dispositif de récolte de données médicales et physiologiques **EveryWear**, développé par le CNES et l'institut Medes avec l'aide étroite de Thomas : il s'agit d'une application logicielle sur tablette tactile visant à faciliter au quotidien le suivi médical des astronautes et à réaliser des protocoles de recherche scientifique. EveryWear recueille des informations saisies par le cobaye, mais également des données enregistrées par différents capteurs biomédicaux connectés, notamment en Bluetooth, et synchronisées avec les équipes au sol.

Le gain de temps induit par cet assistant personnel n'est pas négligeable pour l'équipage, comme par exemple en matière de suivi nutritionnel : plus besoin de noter au fur et à mesure sa consommation de nourriture, il suffit à l'astronaute de scanner le code-barres imprimé sur l'emballage de l'aliment. En retour, l'assistant fournit des recommandations diététiques personnalisées correspondant aux objectifs déterminés avant le vol avec l'équipe médicale. EveryWear sert aussi de support à l'évaluation du sommeil grâce à un patch biométrique, à l'analyse de la forme de l'onde de pouls avec un tonomètre ou à des séances de sport *via* un smartshirt.

Les jeunes dans le sillage de Thomas

Désireux d'impliquer la jeunesse dans son aventure, Thomas déploie trois expériences éducatives, baptisées **Exo-ISS**, développées sous la houlette du Cadmos avec cinq lycées français. En collaboration avec l'ESA, elles ont été déclinées en kits d'expérimentation et distribuées à 1 300 établissements scolaires (de l'école primaire au lycée). Les élèves peuvent comparer les effets obtenus en classe avec ceux qu'observe Thomas : il photographie l'avancée quotidienne des phénomènes et les clichés sont ensuite mis en ligne sur le site du CNES.

La première expérience, CatalISS, porte sur la réaction catalytique nécessaire à la digestion de protéines (gélatine alimentaire) par des enzymes (pepsine). La comparaison, durant trois jours, des résultats obtenus au sol et en vol semble démontrer que la vitesse de la réaction dépend bien de la pesanteur. La deuxième, Ceres, permet de suivre pendant dix jours la germination et le développement de graines de moutarde, de graines de radis et de lentilles. Elle fait la preuve que la micropesanteur laisse plus de liberté aux plantes pour évoluer, et que l'orientation de la lumière et le gradient d'humidité dans l'environnement des jeunes pousses sont prépondérants pour déterminer leur croissance. CrISStal, enfin, consiste à faire grandir en quarante-huit heures un petit cristal au cœur d'une solution sursaturée de sel de Seignette.

19

MARCHER DANS L'ESPACE

Thomas, d'abord tu attacheras ton mousqueton à la main courante 0506, côté tribord du sas.

Jessica Meir depuis le centre de contrôle de Houston, vendredi 13 janvier 2017.

Durant la mission Proxima, pas moins de six sorties de la Station ont eu lieu, pour des opérations de maintenance prévues de longue date ou des réparations d'urgence. Pour chacune d'elles, les astronautes utilisent les scaphandres américains EMU. Les « piétons de l'espace », toujours en binôme, passent systématiquement par le sas Quest Joint Airlock, rattaché au module américain Unity. Chaque sortie est donc comptabilisée en tant que « US EVA » (Extravehicular Activity).

QUATRE HEURES DE PRÉPARATIFS

La première EVA se déroule le 6 janvier 2017. Durant plus de six heures trente, Shane et Peggy installent des plaques d'adaptation et les câbles nécessaires au branchement de six nouvelles batteries essentielles au bon fonctionnement des installations électriques de la Station. Ces batteries au lithium-ion – comme celles qui équipent nos téléphones portables – sont deux fois plus puissantes que les douze batteries nickel-hydrogène qu'elles remplacent. Elles ont été apportées par le vaisseau-cargo HTV-6 et manipulées à l'aide d'un bras robotique piloté depuis le sol. Thomas et Oleg aident à la préparation puis au retour de leurs collègues. Le Français s'occupe notamment des check-lists et veille au bon fonctionnement du sas de dépressurisation.

Une EVA est une activité à haut risque : il n'y a pas de place pour l'improvisation. Scaphandres et outils sont soigneusement contrôlés en amont. Le jour J, il faut près de 4 heures pour enfiler la combinaison EMU et en vérifier les différents systèmes. Les astronautes doivent respirer de l'oxygène pur, afin d'éliminer l'azote de leur sang et éviter ainsi que des bulles se forment puis se dilatent dangereusement pendant la phase de dépressurisation du sas de sortie : c'est en quelque sorte une plongée sous-marine inversée, qui débute par les paliers de décompression. « Je ne me rendais pas compte à quel point la préparation était longue. La prochaine fois que vous verrez un acteur sauter dans un scaphandre et se ruer dehors en moins de deux, souvenez-vous que c'est du cinéma ! » s'exclame Thomas.

Si l'habillage est long et réglementé, le déshabillage se révèle très acrobatique en raison de la micropesanteur. Peggy pratique une technique imparable : bloquer avec les pieds le « pantalon » de l'astronaute à libérer, et tirer par les manches la partie supérieure rigide. Un patient déhanchement fait le reste.

Des scaphandres de près de 25 ans

★

Quatre scaphandres américains EMU se trouvent en permanence à bord de l'ISS : deux d'entre eux sont prêts à l'emploi, les deux autres stockés en pièces détachées. Le 13 janvier et le 24 mars, Shane et Thomas portaient respectivement les EMU n° 3008 (marqué de bandes rouges pour distinguer le commandant) et n° 3006. En service depuis la fin des années 1990, ils ont été remis à neuf sur Terre puis réintégrés à bord de la Station, respectivement en décembre 2015 (avec le Cygnus OA 4) et en juillet 2016 (avec le Dragon CRS 9).

Premiers pas dans le vide

« Ma première sensation a été une impression de chaleur et de lumière. Nous étions en plein jour et directement exposés aux rayons du Soleil. Mais je n'ai pas ressenti de vertige : mon cerveau a immédiatement compris que je ne tomberai pas », raconte Thomas.

Le 13 janvier, c'est au tour de Shane (désigné EV1 par le centre de contrôle de Houston) et de Thomas (EV2) de sortir de la Station. C'est la quatrième

« marche » dans le vide spatial pour l'Américain, et une grande première pour le Français qui attend ce moment depuis longtemps. L'US EVA 39 doit durer 6 heures 30 minutes. Son objectif : terminer le branchement des batteries démarré la semaine précédente et installer un système de protection.

Shane sort le premier, rapidement suivi de Thomas, frappé par la taille de la Station. Les deux hommes sont en contact radio permanent avec Houston, où deux autres astronautes, Luca Parmitano et l'Américaine Jessica Meir, jouent le rôle de « CapCom » (capsule communicator) : ils les dirigent pas à pas et vont les accompagner dans leurs tâches. « Ce sont les mêmes règles de sécurité qu'en escalade… mais en armure. Il faut en permanence rester attaché à la paroi : si on s'éloigne trop de la Station sans garantir sa ligne de vie, on pourrait ne plus revenir… »

Les premiers gestes des deux équipiers, filmés par la caméra de leur casque et retransmis en direct sur Internet, sont prudents. Ils portent un baudrier, et utilisent des sangles et des crochets à double sécurité pour s'accrocher sur la main courante. Ils sont aussi reliés à une ligne de vie en acier qui les retiendrait à la Station en cas d'incident. Si jamais – c'est peu probable – ils étaient désarrimés, ils ont toujours la possibilité d'activer un petit système de secours, le SAFER (pour Simplified Aid For EVA Rescue). Fixé au dos de la combinaison et équipé de petits propulseurs, il leur permettrait de revenir vers l'ISS. Mais aucun des deux astronautes n'aimerait être le premier de l'Histoire à y avoir recours…

Le monde de la douleur

Dans le vide et en micropesanteur, une EVA constitue une véritable épreuve intellectuelle et physique, qui peut durer jusqu'à 8 heures. Il faut rester sur le qui-vive pour mener à bien ses tâches, bien s'attacher et ne pas se retrouver désorienté, notamment quand la nuit « tombe » – c'est-à-dire toutes les 45 minutes. Les astronautes allument alors les lampes intégrées à leur casque. Même si le poids du scaphandre a disparu, les articulations restent difficiles à bouger du fait de la pressurisation. Le casque gêne la vision sur les côtés, les gants épais et rigides compliquent les manipulations, et les objets ont tendance à vouloir s'échapper : une opération facile à mener sur Terre prend dans l'espace une allure de défi. Dans un scaphandre peu ventilé et pas forcément adapté à sa taille, le corps transpire abondamment et le risque d'embuer la visière est constant. Il s'agit donc de gérer ses efforts sur la durée, parfois jusqu'à l'épuisement total.

L'ancien astronaute américain Story Musgrave, qui compte quatre EVA hors de la navette et des centaines d'heures d'entraînement en piscine, avait coutume de dire aux nouvelles recrues qu'il formait : « Une sortie, c'est le monde de la douleur. » Philippe Perrin, l'astronaute français aux trois EVA, précise : « À l'intérieur d'un scaphandre, il y a un gars qui transpire et qui a mal partout, entre la rigidité des articulations et les bouts métalliques qui lui rentrent dans les chairs. Il n'est pas rare de terminer une sortie en hypoglycémie.

Mais à côté de ça, il y a évidemment des phases d'extase, en particulier quand on peut prendre le temps d'admirer la Terre… »

Piano, piano !

Extrêmement concentré et désireux de faire au mieux, Thomas ne prend pas le temps de profiter du spectacle qui l'entoure. Lorsque les deux hommes s'accordent enfin une première pause, au bout de deux heures de travail intense, Shane lui lance : « As-tu regardé un peu autour de toi ? – Je n'y avais pas encore pensé ! » s'étonne même le Français. Il domine à cet instant toute la Station depuis une plate-forme, et voit défiler la Terre sous ses pieds. « On se sent tout petit, raconte-t-il. Mais c'est vraiment la meilleure vue du monde ! » Il réalise une photographie insolite avec ses bottes au premier plan et ne manque pas non plus de faire l'incontournable selfie.

Thomas s'est montré rapidement aussi à l'aise que son coéquipier. Les deux hommes ont même adopté un rythme de travail si soutenu qu'au bout d'une heure Luca Parmitano leur recommande de ralentir et de prendre le temps de respirer. Mais leur avance ne fait que s'accentuer, au point que les tâches principales de la sortie sont terminées au bout de 3 heures et 45 minutes à peine ! On leur confie alors six activités supplémentaires : le remplacement d'une caméra défectueuse sur le bras robotique, le changement de divers composants de la Station, et des prises de vue de passages de câbles encombrés. À chaque fois que Houston l'interroge sur son état, Thomas répond : « Génial ! »

L'US EVA 39 durera finalement près de 6 heures. C'est une totale réussite.

Six US EVA durant Proxima

★

6 janvier (US EVA 38) : Shane Kimbrough (EV1) et Peggy Whitson (EV2), 6 heures et 32 minutes.

13 janvier (US EVA 39) : Shane Kimbrough (EV1) et Thomas Pesquet (EV2), 5 heures et 58 minutes.

24 mars (US EVA 40) : Shane Kimbrough (EV1) et Thomas Pesquet (EV2), 6 heures et 34 minutes.

30 mars (US EVA 41) : Shane Kimbrough (EV1) et Peggy Whitson (EV2), 7 heures et 4 minutes.

12 mai (US EVA 42) : Peggy Whitson (EV1) et Jack Fischer (EV2), 4 heures et 13 minutes.

23 mai (US EVA 43) : Peggy Whitson (EV1) et Jack Fischer (EV2), 2 heures et 46 minutes

Un petit incident aura toutefois marqué Thomas : « Le seul moment où je me suis fait un peu peur, c'est quand j'ai cru avoir perdu mon sac d'outils. C'est une hantise : on ne doit pas laisser échapper des objets, car ils pourraient se transformer en projectiles. Tous nos déplacements sont préparés avec un détail infini, comme une véritable chorégraphie. Mais il m'a semblé plus pratique de poser le sac à un autre endroit que celui qui était initialement prévu. Quand Shane s'est approché, qu'il m'a demandé où se trouvait le sac et que je ne l'ai pas vu, ma fréquence cardiaque a grimpé ! Heureusement, le sac était seulement parti se cacher derrière un élément de structure… »

Thomas effectue une seconde sortie le 24 mars, toujours en compagnie de Shane. Ils sont cette fois affectés à des activités distinctes, chacun de son côté. Installé dans un cale-pied piloté depuis l'intérieur de la Station par Peggy, le Français est d'abord chargé d'inspecter un radiateur pour tenter d'y déceler une éventuelle fuite d'ammoniac – en vain. Il s'affaire ensuite à la lubrification de la pince LEE (Latching End Effector) du robot Dextre, également manœuvré par Peggy, avant de réintégrer l'ISS, après plus de 6 heures et 30 minutes de travail.

Thomas est le quatrième Français à marcher dans le vide, après Jean-Loup Chrétien en 1988, Jean-Pierre Haigneré en 1999 et Philippe Perrin en 2002. Il est également le onzième Européen, et désormais le plus expérimenté au sein de sa promotion (Luca Parmitano compte lui aussi deux EVA mais la seconde, interrompue par une fuite d'eau dans son casque, n'a duré que 92 minutes).

La mission Proxima permet surtout à Peggy Whitson d'effectuer quatre nouvelles sorties. Avec un total de dix EVA et cumulant 60 heures et 21 minutes dans le vide spatial, elle détient désormais le double record féminin. «Je suis fier de ma coéquipière», déclare Thomas.

Bilan après l'US EVA 43

★

- 408 sorties dans le vide spatial depuis le 18 mars 1965
- 201 sorties dans le cadre du programme ISS (vols navette et sas russes Pirs et Poisk inclus) depuis le 7 décembre 1998, soit un total de 52 jours, 16 heures et 44 minutes
- 43 sorties américaines à partir de Quest à l'aide de scaphandres EMU (sans la navette) depuis le 20 février 2002
- 21 sorties européennes depuis le 9 décembre 1988

20

LIKE, COMMENT, SHARE

Même si le débit est limité, quelle chance incroyable de pouvoir inviter le monde à observer le vol et montrer comment ça se passe à bord !

Le lendemain de son arrivée dans l'ISS, Thomas Pesquet prenait déjà la pose dans la Cupola devant la Terre qui défile. Le cliché, premier d'une longue série, est rapidement posté sur les réseaux sociaux avec le commentaire suivant : « L'ISS est géniale, encore mieux que dans mes rêves ! J'aimerais que tout le monde ait la chance d'aller dans l'espace ! »

Ce souhait est encore loin de devenir réalité, mais chacun va pouvoir suivre au plus près la mission du dixième Français de l'espace. Une demi-douzaine de messages est postée chaque jour sur Facebook et Twitter (en français et en anglais), des photos sont mises en ligne sur Instagram ou Flickr (plus de 1 500 au total sur la seconde galerie), des articles personnels sont régulièrement publiés sur le blog de l'ESA ou dans des journaux, des liaisons vidéo sont organisées lors de journaux télévisés ou de manifestations grand public, des interventions sont programmées à la radio, ainsi que des contacts radioamateurs avec une vingtaine d'établissements scolaires français, Guyane comprise.

Depuis la Station, Thomas lance des concours littéraires ou informatiques, réalise un « mannequin challenge » avec son équipage, soutient le XV de France lors du tournoi de rugby des Six Nations, partage sa playlist musicale, chante avec les Enfoirés, participe à un clip du compositeur de musique électronique Yuksek, et fait même voler les alliances d'un couple d'amis…

Messages de paix

L'astronaute endosse également le rôle d'ambassadeur de l'Unicef, sur les pas de plusieurs de ses prédécesseurs. Il s'investit pour attirer l'attention du public sur le besoin de protéger et soutenir les jeunes générations, notamment à l'heure où le changement climatique met en péril leur avenir. Dans un clip réalisé depuis le laboratoire Columbus et mis en ligne le 8 janvier, il défend la cause et le droit des enfants. « Je formule le vœu, depuis l'espace, que chaque enfant puisse bénéficier de l'éducation, de la protection et des soins auxquels il a droit. C'est l'éducation que j'ai reçue, à l'école et dans ma famille, qui m'a permis de réaliser mon rêve aujourd'hui et je veux que chaque enfant, garçon ou fille, parte avec les mêmes chances dans la vie et bénéficie des mêmes opportunités. »

Dans un autre message posté le 20 mars, à l'avant-veille de la 24ᵉ Journée mondiale de l'eau, il adresse cette fois ses pensées à tous ceux qui œuvrent pour que chaque enfant puisse disposer de 20 litres d'eau par jour et que la source se trouve à moins d'un kilomètre. Enfin, moins d'une semaine avant son retour sur Terre, il partage une vidéo de deux minutes intitulée *New Eyes*, où il apparaît introspectif, presque philosophique. Elle sera visionnée près de 200 000 fois en un mois.

« Chaque matin, au réveil, je me demande ce que je vais faire. Mais je me demande aussi qui je suis et qui je vais être. On pourrait croire qu'il est difficile de se recentrer sur soi dans un contexte si différent, hors du monde. Il n'en est rien. Cela vient assez naturellement. Qui suis-je ? Un aventurier de l'espace ? Un astronaute français ? Non. Je suis un être humain. Et ensemble, avec tous ces hommes et ces femmes, nous partageons un voyage de découverte. Et comme chaque voyage, il mène à la connaissance de soi bien plus qu'à celle des lieux. Et étrangement, toute cette technologie est indispensable pour venir jusqu'ici et comprendre la simplicité des choses. La Terre, le cosmos et la vie elle-même forment un ensemble harmonieux. Et vu d'ici, il est vraiment difficile de comprendre les frontières, les guerres et la haine. On se sent parfois submergé par ces pensées, du moins jusqu'à ce que l'on s'endorme à nouveau. »

Astronautes 2.0

Bien que les agences spatiales américaine et européenne aient toujours souhaité communiquer sur leurs activités, jusqu'au début des années 2010 le public avait rarement l'occasion de voir évoluer au jour le jour des astronautes à bord de la Station. Des visioconférences d'une dizaine de minutes, appelées téléponts, étaient organisées de temps à autre pour des interviews télévisées et des entretiens privés, *via* les centres de contrôle de Houston ou de Moscou. Plus fréquents, des contacts radio utilisaient le réseau de communication privé mis en place par les radioamateurs à travers le monde. Mais, pour découvrir la plupart des images tournées en vol, il fallait attendre le retour des équipages…

Le premier à avoir utilisé Twitter depuis l'espace est l'Américain Mike Massimino, lors de la dernière mission de maintenance du télescope spatial Hubble, en mai 2009. Mais c'est surtout le Canadien Chris Hadfield qui a lancé l'utilisation massive des réseaux sociaux comme moyen de partager son expérience quasiment en direct. Lors de son second séjour à bord de l'ISS, de décembre 2012 à mai 2013, l'astronaute a utilisé le réseau à l'oiseau bleu comme un microblog, l'alimentant de commentaires plusieurs fois par jour. Il a régulièrement réalisé de petites vidéos, en anglais et en français, sur les gestes de la vie quotidienne en orbite : manger, boire, se laver, se brosser les dents, dormir… Quatre-vingt-huit clips au total, aussi distrayants que didactiques, et visionnés près de 23 millions de fois sur YouTube ! S'y ajoutent 5 millions de vues (en deux jours) de son émouvante reprise de la chanson *Space Oddity* de David Bowie (une performance saluée par le chanteur lui-même), postée juste avant son retour sur Terre. Quatre ans après avoir pris sa retraite de l'Agence spatiale canadienne, @Cmdr_Hadfield est toujours aussi populaire, avec plus de 2 millions d'abonnés sur Twitter et plus de 900 000 «J'aime» sur Facebook.

Comme tous ses camarades de promotion, Thomas Pesquet est un familier d'Internet et des réseaux sociaux. Il a ouvert des comptes publics et commencé à partager régulièrement son quotidien dès la fin de son entraînement de base, en décembre 2011, afin de permettre au plus grand nombre de découvrir les coulisses de son métier.

Les community managers de Thomas

★

L'astronaute n'a ni le temps ni les moyens techniques d'alimenter lui-même les réseaux sociaux plusieurs fois par jour. Il prend des photos pendant ses moments libres, les sélectionne et les commente avec des mots-clés, avant de les envoyer compressées. Le transfert s'effectue en quatre étapes, grâce au système DTN (pour Disruption Tolerant Network) de la NASA, qui garantit la réception complète des données, même lorsque les débits de transmission sont faibles : les messages transitent d'abord par le réseau interne de la station, puis par deux satellites-relais TDRS américains, avant d'être réceptionnés par des stations terrestres. Depuis le Centre européen des astronautes à Cologne, une équipe de trois communicants se charge de compléter et de traduire les textes, de les diffuser quotidiennement, à différents moments de la journée, mais aussi de modérer les différents comptes de l'astronaute en son nom.

Le nom qu'il a donné à sa mission, Proxima, traduit bien cet esprit : certes il désigne une étoile, mais il évoque aussi le mot proximité, sous-entendant que ces missions ont des retombées directes pour tous les habitants de la Terre.

Un succès au-delà des espérances

Nous avons fait notre maximum pour mener notre travail et les expériences scientifiques à bien. Si, en plus, nous avons pu faire rêver un peu et inspirer des jeunes, ça fait chaud au cœur.

Le public se passionne pour la mission du Français, dont l'audience grimpe de jour en jour, pour compter plus de 2 millions d'adeptes en fin de séjour, tous réseaux confondus, en France et au-delà. En six mois sur Twitter, @Thom_astro est passé de 78 000 à plus de 560 000 abonnés (dont 44 % à l'étranger), intégrant ainsi le club des 2 500 comptes les plus suivis de la planète. Sur Facebook, @ESAThomasPesquet a eu jusqu'à 1,3 million de « J'aime ».

« Je suis sûr que cela va créer des vocations, s'enthousiasme Jean-François Clervoy. Pas forcément pour devenir astronaute, parce qu'il y a très peu de places, mais pour travailler dans le domaine spatial. »

Ce n'est qu'après son retour sur Terre que Thomas Pesquet se rendra véritablement compte de sa nouvelle célébrité. Disposant d'un accès Internet réduit et n'étant pas connecté aux réseaux sociaux depuis l'ISS, il envoyait au sol les photos prises pendant ses temps de pause (à midi, le soir et le week-end), après les avoir triées et rapidement commentées. « Bien sûr, on me tenait régulièrement informé du nombre d'abonnés que j'atteignais, explique le plus populaire des astronautes français. Mais ça restait des chiffres, et faire de l'audience n'était pas un but en soi. Si ça a marché, tant mieux, cela veut dire que l'on s'intéresse de plus en plus à l'espace. En tout cas, mon souhait était de partager ce que je vivais parce que, quand j'étais petit, j'aurais adoré suivre une mission pareille. Ça aurait été absolument fantastique. »

21

RETOUR SUR TERRE

On nous avait parlé d'une descente « dynamique ».
En réalité, le retour est d'une violence incroyable,
c'est un accident de voiture sur l'autoroute à 130 km/h,
suivi de quelques tonneaux !

Les six mois à bord de la Station sont passés « en un clin d'œil », et l'heure du retour a sonné pour Oleg et Thomas. Depuis plusieurs jours ils préparent leur paquetage, vérifient le Soyouz et leurs scaphandres Sokol. À la perspective joyeuse de retrouver leurs proches et les plaisirs terrestres se mêle une certaine nostalgie. Celle de terminer une mission qui a demandé tant de travail et de sacrifices. Celle de dire adieu à une Station qui vous a accueilli et protégé, et à un environnement extraordinaire. Celle de quitter des équipiers avec qui on a formé une petite famille, en particulier Peggy, qui prolonge son séjour de trois mois, aux côtés de Fiodor Iourtchikhine et Jack Fischer. Ils seront rejoints le 28 juillet par le Russe Sergueï Riazanski (42 ans, 2nd vol), l'Américain Randy Bresnik (49 ans, 2nd vol) et l'Italien Paolo Nespoli (60 ans, 3e vol), lancés à bord du Soyouz MS-05.

« Nous avons décollé à trois et repartons à deux, raconte Thomas. Nous laissons Peggy derrière nous avec Fiodor et Jack, ça laisse un sentiment étrange, d'autant plus que nous transportons du matériel à sa place… Et en modifiant ainsi les procédures de pilotage, sans que ce soit problématique, nous avons dû nous répartir, avec Oleg, certaines opérations qui lui revenaient. »

Une vache écrasée sur la poitrine

Le 2 juin à 10 h 47, le Soyouz MS-03 se détache du module Rassvet et s'éloigne progressivement de l'ISS. Thomas et Oleg discutent de choses et d'autres, et Thomas échange aussi avec Luca, qui se trouve à Moscou. Au sol, des équipes de récupération russes sont déjà en position à proximité du point d'atterrissage prévu, pour une rentrée dite nominale, mais également tout le long d'une ligne de près de 1 000 km de long, en cas de rentrée balistique, c'est-à-dire sans contrôle de la trajectoire de retour. Les retours sur Terre font partie des moments les plus critiques d'une mission spatiale.

À 13 h 17, les moteurs du Soyouz sont allumés durant quatre minutes afin de diminuer la vitesse du vaisseau et entamer le passage dans les couches denses de l'atmosphère.

À 13 h 44, le compartiment de descente se sépare du compartiment de vie et de celui des machines. « En vérité, le Soyouz ne se divise pas en trois : il explose ! précise Thomas. C'est très spectaculaire, ça ressemble à un feu d'artifice. À travers les hublots, on voit des étincelles et des morceaux qui partent dans tous les sens, le plasma rouge qui se forme, le bouclier thermique qui fond, puis les hublots qui se carbonisent : ce n'est pas très rassurant… » En 8 minutes, la capsule passe de 100 à 11 km d'altitude, tandis que les communications avec le centre de contrôle s'interrompent : c'est le fameux *black-out* radio… « La température grimpe, nous pesons jusqu'à 4,5 fois plus lourd au plus fort de l'accélération – on a l'impression d'avoir une vache écrasée sur la poitrine –, notre rythme cardiaque monte à plus de 190 pulsations. Quand on n'a pas senti son corps pendant six mois, ça n'est pas si évident… »

À 13 h 55, ouverture du parachute. « Pendant vingt ou vingt-cinq secondes on est bringuebalé dans tous les sens. Nous étions préparés, mais nous n'avions pas répété ça lors de nos séances en simulateur. Au final, ça fait un peu fête foraine et ses montagnes russes – c'est le cas de le dire ! » s'amuse Thomas. La descente sous parachute, surveillée par une nuée d'hélicoptères militaires, dure un quart d'heure. Une seconde avant l'impact au sol, une rétrofusée située sous la capsule est mise à feu pour donner un dernier coup de frein. Mais l'impact reste violent, comparable à un accident de voiture sur une autoroute. Le Soyouz effectue deux tonneaux et vient terminer sa course à quelques mètres d'une étendue d'eau. « C'est un soulagement quand tout s'arrête, reconnaît Thomas. On se regarde avec Oleg et on touche nos membres pour vérifier que nous sommes encore entiers… »

Il est 14 h 10. Les équipes de secours sont arrivées à bord des hélicoptères et d'une petite armada de véhicules tout-terrain ou amphibies. Un hôpital de campagne est rapidement installé, l'écoutille du Soyouz encore chaud est ouverte et les deux hommes, en sueur et blêmes, sont délicatement extraits de leur siège. « Nous étions heureux de revoir des visages connus, se rappelle Thomas. La première bouffée d'air frais que l'on respire donne une overdose de sensations : des odeurs que l'on n'a pas senties depuis longtemps, celles de la steppe et de l'herbe mouillée, des couleurs – comme si on regardait la télévision avec le contraste à fond –, le vent. Je sentais même le savon ou le déodorant des gens qui venaient nous chercher ! On n'était plus habitué à tout ça, on avait l'odorat un peu inhibé. »

Oleg et Thomas sont portés jusqu'à des chaises longues et des médecins vérifient aussitôt leurs paramètres vitaux, sous les objectifs de nombreux appareils photo et caméras. On leur tend un téléphone satellite pour que chacun puisse appeler sa compagne et la rassurer. Sa conversation avec Anne à peine terminée, Thomas est mis en ligne avec le président de la République qui le félicite en direct du siège du CNES, à Paris, où l'atterrissage a été retransmis. L'astronaute avoue que le simple fait de tenir le téléphone constitue l'effort le plus difficile qu'il ait fait en six mois. Les astronautes signent ensuite leur capsule à la craie et sont transférés dans une tente médicalisée, où on leur demande de pratiquer un peu de rameur. Oleg s'y prête de bon cœur, mais Thomas a plus de mal, semblant être le plus affecté des deux par les retrouvailles avec la pesanteur. Un hélicoptère les emmène à l'aéroport de Karaganda, où une cérémonie de bienvenue est organisée : les astronautes revêtent le costume traditionnel kazakh et se livrent à un premier point presse.

PRINCIPALES SÉQUENCES D'ATTERRISSAGE

Opération	**Heure UTC**	**Altitude**	**Vitesse**	**Accélération**
ALLUMAGE DES MOTEURS DE FREINAGE	Entre 13 h 17 et 13 h 21	425 km	7,3 km/s	0 g
SÉPARATION DU MODULE DE DESCENTE	13 h 44	140 km	7,6 km/s	0 g
ENTRÉE DANS L'ATMOSPHÈRE	13 h 47	100 km	7,7 km/s	0 g
ACCÉLÉRATION MAXIMALE	13 h 53	36 km	2,3 km/s	4 g
ORDRE D'OUVERTURE DU PARACHUTE	13 h 55	11 km	0,2 km/s	1,2 g
ATTERRISSAGE	14 h 10	0 km	0 km/s	1 g

Enfin arrivent les adieux : Oleg rentre à Moscou et Thomas rejoint Cologne. Il va passer sa première nuit sur Terre dans le laboratoire Envihab du DLR, le centre aérospatial allemand. Une journée entière lui sera nécessaire pour parvenir à marcher sans trop perdre l'équilibre. « Pendant cette période, faire un gros travail physique aurait été compliqué pour moi, reconnaît Thomas. Dès que je tournais un peu trop la tête, j'avais un sentiment de vertige et besoin des médecins pour m'aider. »

La mission n'est pas terminée

Le 6 juin, avec sa simplicité et sa décontraction habituelles, Thomas se prête à sa première grande conférence de presse au Centre des astronautes de Cologne. « Ça va très bien, je suis très content d'être ici », déclare-t-il en préambule, considérant que les médecins et les équipes opérationnelles qui l'attendaient avaient pris grand soin de lui.

Sa réadaptation semble s'effectuer rapidement, les progrès sont visibles au quotidien. Au retour d'un séjour de longue durée à bord de l'ISS, un astronaute met généralement entre six et huit semaines pour retrouver une condition physique normale, et une dizaine de mois pour effacer tous les effets induits par la micropesanteur prolongée.

Thomas confie avoir bien profité des premiers plaisirs du retour sur Terre, à commencer par les retrouvailles avec sa compagne, mais aussi la dégustation de fromages – absents à bord de la Station –, ou sa première douche chaude en six mois : « Il a fallu que je la prenne assis sur un tabouret, pour ne pas risquer de perdre l'équilibre, s'amuse-t-il. Mais elle a duré dix minutes ! »

Thomas insiste cependant sur un point : « La mission Proxima est loin d'être terminée. » En effet, l'astronaute va jouer le rôle de cobaye plusieurs semaines encore, à l'EAC, à Moscou et à Houston. Les scientifiques vont continuer d'ausculter son corps, de comparer les résultats des expériences physiologiques poursuivies au sol avec ceux qui ont été obtenus avant et pendant le vol, et d'observer l'évolution de ses performances durant sa réadaptation… À ces séances quotidiennes vont s'ajouter de multiples réunions de débriefing sur le programme expérimental, l'état de l'ISS, les opérations de maintenance, les sorties extravéhiculaires… Ses premières vacances ne sont pas prévues avant le mois d'août !

« Retourner sur Terre, c'était évidemment une grande étape, mais le travail ne s'arrête pas là. Il reste beaucoup d'observations et de prélèvements à faire. Pour le moment, je suis tellement heureux de retrouver tout ce qui me manquait que je me prête volontiers au jeu, même quand je vois arriver vingt-deux éprouvettes pour une prise de sang… »

Et à présent, Thomas se prépare à vivre une autre aventure : celle de la célébrité.

22

POURSUIVRE L'ÉLAN D'EXPLORATION

Mars, nous n'en sommes pas si loin. Si les étoiles s'alignent politiquement, on peut imaginer un tel voyage d'ici quinze ou vingt ans. Je lèverai la main pour partir.

L'une des questions les plus fréquemment posées à Thomas après son retour est de savoir s'il souhaite ou non retourner dans l'espace. La réponse est affirmative. À moyen terme, l'astronaute de 39 ans peut espérer être affecté à une nouvelle mission vers l'ISS. Les Européens vont en effet continuer de s'y succéder jusqu'en 2024 et deux membres de la promotion de 2009, Alexander Gerst et Luca Parmitano, se préparent déjà pour une seconde mission de longue durée. « Un astronaute, c'est un peu comme un militaire : on nous entraîne, on essaie d'être performants et, quand on a besoin de nous pour intervenir, nous sommes fin prêts – sauf que, dans notre cas, c'est plutôt une bonne nouvelle », avance Thomas.

Jean-Yves Le Gall, président du CNES et du conseil d'administration de l'ESA, s'enthousiasme de la mission française dans l'ISS : « Le vol de Thomas Pesquet [...] donne un grand coup de projecteur sur le spatial.

[…] Dès qu'il rentre, le prochain sujet sur l'agenda sera son second vol, ou le vol d'un autre Français.»

Du village lunaire au palais céleste

Du côté de la NASA, le programme d'exploration Orion prend forme. Il vise l'envoi d'une capsule sans équipage autour de la Lune à l'aide du nouveau super-lanceur SLS, puis un premier vol habité avec un équipage de quatre astronautes vers des destinations plus lointaines, d'ici 2023. L'Europe est partie prenante de ce projet : elle fournit un élément crucial du vaisseau, le module de service ESM qui assurera la propulsion et le support-vie.

La troisième mission d'Orion pourrait accueillir un astronaute européen. Thomas guette cette opportunité tandis que le directeur général de l'ESA, Johann-Dietrich Woerner, milite depuis son arrivée en 2015 pour la mise en place d'un grand projet international au-delà de l'ISS, le Moon Village («village lunaire»), encore à l'état de concept. L'objectif est de recenser les divers projets d'exploration robotique ou humaine de la Lune, de mobiliser les différents acteurs à travers le monde (puissances spatiales, investisseurs privés ou utilisateurs) en fonction de leurs intérêts et de leurs compétences, et de favoriser une installation et des opérations durables sur notre satellite naturel.

«Certains peuvent être intéressés par l'envoi d'un rover pour explorer une zone déterminée, d'autres se tourner vers l'étude du sol, construire un large télescope en utilisant des matériaux disponibles sur place, réaliser des infrastructures en 3D ou des abris pour se protéger des radiations… C'est là que se situe l'analogie avec un village terrestre : un village accueille des personnalités variées, avec des intérêts différents, qui se sont regroupées et ont choisi un endroit où s'installer », explique Johann-Dietrich Woerner.

Dans un futur plus proche, Thomas Pesquet regarde également du côté de la Chine, qui s'est engagée en 2003 dans l'aventure des vols habités et a déjà fait voyager onze « taïkonautes » à bord de capsules Shenzhou (« vaisseau céleste »), à l'occasion de six missions orbitales. En 2011, puis en 2016, elle a ainsi lancé deux petits modules-laboratoires de 8,5 tonnes chacun, baptisés Tiangong (« palais céleste »). L'équipage du Shenzhou-11 a effectué un séjour de plus d'un mois à bord de la station Tiangong-2, entre octobre et novembre 2016. La prochaine étape est l'assemblage sur orbite de la station « finale » Tiangong-3, un grand ensemble modulaire de 60 tonnes, composé d'un bloc de base et de deux laboratoires. Son installation doit intervenir entre 2018 et 2022, et la Chine se montre ouverte à des coopérations internationales. L'astronaute français s'est donc mis à apprendre le mandarin, tout comme ses collègues Samantha Cristoforetti et Matthias Maurer qui, en août 2017, ont participé à un stage de survie organisé par le centre de préparation des taïkonautes…

« Il faut toujours avoir quelque chose en ligne de mire, considère Thomas. C'est important de se fixer des objectifs pour se maintenir concentré et faire de son mieux tous les jours. »

La plus grande aventure du XXIe siècle

Poser le pied sur une autre planète,
chaque astronaute de ma génération a cela en tête,
car nous sommes tous des explorateurs.

À plus long terme, Thomas rêve aussi de Mars, la seule planète accessible aux astronautes car elle est située à une distance raisonnable de la Terre. Ils pourraient y rechercher des traces de vie, sous forme de bactéries ou de microorganismes primitifs.

Aucune puissance mondiale ne s'est encore lancée de manière définitive dans cette entreprise, qui s'annonce particulièrement complexe du point de vue technique, dangereuse et longue pour les équipages (au moins cinq cents jours pour un aller-retour), en plus d'être coûteuse – 200 milliards de dollars selon certaines estimations. Mais on sent que cette destination fait l'objet d'un consensus grandissant, entre l'intérêt des scientifiques et l'engouement que provoquerait le premier pas sur Mars auprès du grand public. Les États-Unis ont d'ores et déjà acté cet objectif dans leur politique spatiale, sans calendrier précis, dans le cadre du programme Journey to Mars de la NASA.

« Mars, ce sera les missions Apollo puissance 10, pronostique Thomas. La Lune est sans doute une étape nécessaire mais, en termes de retours scientifiques, Mars est probablement l'endroit à explorer où l'homme a le plus à attendre. Nous pourrions y trouver des réponses à nos questions les plus profondes : d'où venons-nous, où allons-nous ? Ce sera assurément la plus grande aventure du XXIe siècle. »

En tout cas, il semble difficile d'imaginer que le grand départ puisse intervenir avant quinze ou vingt ans. Thomas approchera alors la soixantaine – « Je serai expérimenté », précise-t-il –, et il sera encore partant, cela ne fait aucun doute.

Au nom de l'humanité

« *Somewhere, something incredible is waiting to be known* », aurait dit l'astrophysicien américain Carl Sagan. Si « quelque part, quelque chose d'incroyable attend d'être connu », Thomas, de son côté, au-delà de son rêve, milite activement pour que cette quête de la connaissance se poursuive au nom de l'humanité, et que l'Europe et la France aient toute leur place dans l'aventure martienne.

Si je peux faire partie du voyage,
je serai très heureux.
Et sinon, j'y aurai au moins contribué.
Car ce qui compte finalement,
c'est de continuer cette exploration
qui a démarré il n'y a pas si longtemps,
et de tous travailler dans le même sens pour cela.
Je caresse l'espoir
que l'on trouve de la vie sur Mars,
ce qui à mon sens constituerait
la plus grande découverte scientifique
de tous les temps.
Cela nous permettra de mieux comprendre
notre place dans l'Univers,
mais cela devrait également modifier
notre perception de la nature, du monde
et de nous-mêmes,
avec de profondes répercussions
métaphysiques et philosophiques.

Thomas Pesquet

REMERCIEMENTS

À travers ses années d'entraînement au sein de l'Agence spatiale européenne (ESA), puis sa mission Proxima à bord de la Station spatiale internationale (ISS), nous nous sommes inscrits dans les pas de Thomas Pesquet. D'abord deux films (*Thomas Pesquet – Profession astronaute* et *Thomas Pesquet, Objectif Mars*), et aujourd'hui cet ouvrage, nous font découvrir comment, à travers l'histoire de Thomas, un humain est préparé pour aller dans l'espace. En seulement cinquante ans, le chemin parcouru est immense depuis Iouri Gagarine, premier homme envoyé dans l'espace. Le second temps de l'aventure, ses six mois passés en orbite autour de la Terre, a été pour nous l'occasion de révéler comment les expériences scientifiques menées par les astronautes permettent aux chercheurs du monde entier de préparer les futurs séjours de longue durée. Et nous avons découvert des résultats prometteurs. La réalité scientifique et technique rattrape donc la fiction. Mars est aujourd'hui dans la ligne de mire des agences spatiales et dans la tête des astronautes.

Thomas Pesquet en rêve déjà.

Guillaume Pérès
Grand Angle Productions

Les auteurs Thomas Marlier et Pierre-François Mouriaux remercient, chez Grand Angle Productions, Guillaume Pérès, Émilie Dumond, Vincent Perazio, Alain Tixier, Anne Fredon, Aurélie Mattlé, Maryline Holluigue, Julie Demaria-Pesce et Tiphaine Rabeisen ; à l'ESA, Thomas Pesquet, Guillaume Weerts, Victor Demaria, Hervé Stévenin, Loredana Bessone, Brigitte Godard et Jean-François Clervoy ; l'équipe du CADMOS, en particulier Sébastien Barde et Sébastien Rouquette ; les scientifiques Philippe Arbeille, Laurence Vico, Didier Massonnet et Gilles Clément ; chez ARTE, Hélène Coldefy, Isabelle Pailler et Marie Beuzard ; et enfin, Eric Bottlaender, Didier Capdevila, Mourad Cherfi, Jean-François Clervoy, Nicolas Pillet, Clovis Temboire, Martial Vanhove, Philippe Varnoteaux et Jean-Jacques Vurpillot.

Les éditions Paulsen & Arte éditions remercient tout particulièrement Jean-François Clervoy et Thomas Pesquet, l'ESA et le CNES, la revue *Air & Cosmos*, ainsi que Sébastien Barde, Loredana Bessone, Philippe Collot, Brigitte Darolles, Marielle Devaulx, Alena Donskaia, Jules Grandsire, Katsumi Hojo, Nadia Imbert-Vier, Aurélie Mattlé, Guillaume Pérès, Hervé Stévenin, Guillaume Weerts.

INDEX DES NOMS PROPRES

TABLE DES MATIÈRES

Achevé d'imprimer par Ermes Graphics
à Turin (Italie) en mars 2023
Dépôt légal : avril 2023
ISBN : 978-2-37502-191-0